Christian Renger · Dieter Speck

Die Archive der Hochschulen und wissenschaftlichen Institutionen

VERLAG HERMANN BÖHLAUS NACHFOLGER WEIMAR
16 24

Christian Renger · Dieter Speck

Die Archive der Hochschulen und wissenschaftlichen Institutionen

Ein Kurzführer

1995
VERLAG HERMANN BÖHLAUS NACHFOLGER
WEIMAR

Die Deutsche Bibliothek – CIP-Einheitsaufnahme

Die *Archive der Hochschulen und wissenschaftlichen Institutionen:* ein Kurzführer / Christian Renner; Dieter Speck. – Weimar: Verlag Hermann Böhlaus Nachfolger Weimar, 1995

ISBN 3-7400-1008-8
NE: Renner, Christian [Hrsg.]

ISBN 3-7400-1008-8

Erschienen im Verlag Hermann Böhlaus Nachfolger Weimar GmbH & Co.

Dieses Buch ist aus säurefreiem Papier hergestellt und entspricht den Frankfurter Forderungen zur Verwendung alterungsbeständiger Papiere für die Buchherstellung.
Printed in Germany
Gesamtherstellung: M. Liehners Hofbuchdruckerei GmbH & Co. Verlagsanstalt, Sigmaringen

Inhalt

Vorwort

Eine Übersicht über die Archive der Hochschulen und wissenschaftlichen Institutionen war ein lange ersehnter und bislang unerfüllter Wunsch der Fachgruppe 8 des Vereins deutscher Archivare, die die Hochschularchive und Archive der wissenschaftlichen Einrichtungen umfaßt. Erstmals gelang es nun, die vorliegende Übersicht einer relativ unüberschaubaren Archivlandschaft zu realisieren. Nach den politischen Veränderungen in der Bundesrepublik Deutschland seit 1989/90, einer neuen Hochschullandschaft und der Einrichtung zahlreicher neuer Archive infolge der Archivgesetzgebung war eine Übersicht über die Archive wissenschaftlicher Einrichtungen nicht mehr gegeben.

Der Kurzführer setzte sich daher zum Ziel, möglichst viele dieser Archive ausfindig zu machen, sie in einer Beschreibung aufzunehmen und den potentiellen Benutzern so einen Leitfaden durch die heterogene Archivlandschaft zu geben. Die Realisierung des Projektes drängte, da ein Kontakt oder Gedankenaustausch oft nicht einmal mehr unter den Archivaren möglich und vielfach korrespondierende Einrichtungen unbekannt waren.

Die Archivübersicht sollte aber mehr als nur ein Anschriftenverzeichnis sein und auch Informationen über die Benutzungsmöglichkeiten und die Bestände der einzelnen Archive vermitteln. Gerade diese Bestandshinweise auf vielfach unbekanntes Archivgut können der Forschung wertvolle Hinweise und Impulse für die Universitäts-, Wissenschafts-, Sozial- und Mentalitätsgeschiche geben und zur Auswertung bislang unbekannter Archivbestände führen.

Das Projekt des Archivführers möchte auch die archivischen Randgruppen auf die Fachgruppe 8 des VdA hinweisen und sie zur Mitarbeit gewinnen. Die Bedeutung der Zusammenarbeit ist nicht zu unterschätzen, da es den Betroffenen außerhalb des klassischen, staatlichen Behördenschriftgutes meist an geregelten Bahnen für die Sicherung der Überlieferung, an Kenntnissen, Möglichkeiten und an fachkundigen Archivaren mangelt. Die Aufnahme von Einrichtungen im Kurzführer kann dazu beitragen, die archivische Lage der gesellschaftlichen Randgruppen und Gruppierungen ohne Lobby zu verbessern und die Multiperspektivität gesellschaftlicher Überlieferungen für die Nachwelt sichern zu helfen. Die Verzahnung der behördlich-staatlichen mit der nichtstaatlichen Überlieferung, die ergänzende Überlieferung und die Sensibilisierung des Bewußtseins für diese Grenzbereiche war ebenfalls ein Anliegen.

Nicht zuletzt durch dieses Projekt und das gemeinsame Interesse an der Zusammenarbeit kam nach langer Zeit wieder neuer Schwung in die Fachgruppe, die nun aus etwa 130 Mitgliedern besteht. Der Fachgruppensprecher Christian Renger (Universitätsarchiv Heidelberg) war in besonderer Weise Motor der Zusammenarbeit und der Kontakte in der wiedererwachten Fachgruppe. Von ihm ging ein großer Teil der Initiative aus und er selbst arbeitete von Anfang an mit großem Engagement am Entstehen des Archivführers mit. Grundlage für eine Informationserhebung war ein auf den Fachgruppensitzungen entworfener Fragekatalog, den die Archive selbst beantworten sollten. Da von einigen Archiven aber keine Rückmeldung erfolgte oder teilweise nur minimale Informationen über diese Einrichtungen vorlagen, wurde versucht, wenigstens die geringen Kenntnisse mitzuteilen. Fragenkomplexe, die von Archiven nicht beantwortet werden konnten, nicht zutreffend oder der Redaktion unbekannt waren, entfielen bei der Aufnahme. Auch auf einen Stichtag für die Umfrage wurde verzichtet, um die aktuellsten Änderungen oder neuesten Informationen bis zur Drucklegung einbringen zu können. Daß der Archivführer trotz aller Bemühungen keinesfalls vollständig sein

wird, war allen Beteiligten schon bei Beginn des Projektes klar. Die Anordnung aller Informationen erfolgte in alphabetischer Reihenfolge der Ortsnamen und der Institutionennamen (nicht den Archivnamen), ohne daß immer eine Gewähr für die Richtigkeit der Namensnennung und der Einordnung gegeben werden kann. Zum besseren Verständnis wurde der Fragebogen im Anschluß an den Textteil nochmals abgedruckt.
Kurz vor Fertigstellung des Manuskripts verstarb Christian Renger ganz plötzlich, sodaß viele der organisatorischen Fragen des Projekts, die er klären wollte, noch offen waren. Zwar wurde das Vorhaben dadurch zwangsweise verzögert, doch war die Fertigstellung des Archivführers nie in Frage gestellt. Durch die zeitlichen Verschiebungen waren auch zahlreiche Ergänzungen und Verbesserungen des Archivführers möglich. Die Fachgruppe der Hochschularchive und Archive wissenschaftlicher Einrichtungen erhofft sich durch den Archivüberblick auch weiterhin Rückmeldungen, Reaktionen, Ergänzungen, Anregungen und Nachsicht von den Archiven, die im Kurzführer aufgrund eines Informationsdefizits nicht berücksichtigt sind. Ausdrücklich ist daher zu erwähnen, daß sich der Kurzführer als erster Versuch eines Überblicks über die Archive der Hochschulen und wissenschaftlichen Einrichtungen versteht. Eine verbesserte und vollständigere Neuauflage möchten wir gerne schon jetzt anregen und die Betroffenen und Kritiker zur Rückmeldung auffordern.
Besonderer Dank für die Durchführung und Unterstützung des Projekts gilt selbstverständlich an erster Stelle Christian Renger. In der Endphase gebührt der Dank insbesondere für die Korrekturen und anderen zeitaufwendigen Arbeiten unseren Kolleginnen und Kollegen Wolfgang Müller (Saarbrücken), Birgit Pohl (Braunschweig), Dagmar Kicherer (Freiburg), dem Verlag und dem Vorstand der Fachgruppe.

Freiburg, im Sommer 1995

Dieter Speck

Archiv der Rheinisch - Westfälischen Technischen Hochschule, Aachen

Anschrift:
Templergraben 57, 56056 Aachen,
Tel. 0241/806386

Archivträger:
Rheinisch-Westfälische Technische Hochschule Aachen

Leiter:
Prof. Dr. Reinhard Hildebrandt

Öffnungszeiten:
Mo-Fr 9-13, 14-16 Uhr.

Findhilfsmittel:
Gesamtverzeichnis der Bestände, Repertorien, Inventare zu einzelnen Beständen, Personen-, Sach- und Standortkarteien.

Bibliothek:
Präsenzbibliothek mit ca. 250 Bänden: Nachschlagewerke, Hilfsmittel, Monographien zur Geschichte des 19./20.Jahrhunderts, Jahresberichte einzelner Forschungseinrichtungen der RWTH Aachen.

Geschichte des Archivs:
Das Archiv wurde 1967 durch Beschluß des akademischen Senats gegründet und seit 1978 von einem wissenschaftlichen Leiter im Nebenamt betreut. 1981 wurde das Archiv als Abteilung dem Historischen Institut angegliedert. Akten einzelner Institute werden nur in Ausnahmefällen übernommen.

Bestände:
Die Überlieferungsdichte ist sehr ungleichmäßig und weist erhebliche Verluste durch Kriegseinwirkung und eine Ordnung auf, die nur bedingt dem Provenienzprinzip folgt. Vorhanden sind die Bestände Rektorat, Zentrale Verwaltung, Protokolle des Senats und seiner Ausschüsse, Fakultäten und Abteilungen, Prüfungsausschüsse, Fotosammlung, Gelehrtennachlässe, Vorlesungsverzeichnisse, Matrikellisten, Akten einzelner Stiftungen, Prüfungsordnungen, Quellensammlungen zur Geschichte der RWTH Aachen und ihrer Geschichte (meist aus anderen Archiven).

Universitätsarchiv Augsburg

Anschrift:
Universitätsstr. 10, 86135 Augsburg (Lehrstuhl für Neuere und Neueste Geschichte),
Tel. 0821/5982496/8

Archivträger:
Universität Augsburg

Leiter:
Prof. Dr. Josef Becker

Geschichte des Archivs:
1984 errichtet und seit 1990 Erweiterung vor allem durch Ablieferung von Gelehrtennachlässen und -deposita. Seit 1994 Übernahme von Beständen der akademischen Selbstverwaltung.

Bestände:
Universitätsverwaltung und Nachlässe.

Genealogische Gesellschaft von Utah, Bad Vilbel

Anschrift:
Im Rosengarten 25a, 61118 Bad Vilbel,
Tel. 09189/7226, Fax 09189/7299

Leiter:
Jerome H. Gasser

Universitätsarchiv Bamberg

Anschrift:
Kapuziner Str. 16, 96045 Bamberg

Archivträger:
Otto-Friedrich-Universität Bamberg

Leiter:
Prof. Dr. Klaus Guth

Öffnungszeiten:
Nach Vereinbarung.

Findhilfsmittel:
Alt-Inventar vorhanden, Neu-Inventarisierung in Vorbereitung.

Veröffentlichungen des Archivs:
Academia Ottoniana ab 1648.

Geschichte des Archivs:
Die Universität bestand bis 1803, dann als Lyzeum, seit 1923 als Philosophisch-Theologische Hochschule und seit 1972 Gesamthochschule. Seit 1979 ist sie wieder Universität.

Sorbisches Kulturarchiv / Serbski Kulturny Archiw, Bautzen

Anschrift:
Bahnhofstr. 6, 02625 Bautzen,
Tel. 03591/49720, Fax 497214

Archivträger:
Sorbisches Institut e.V./Serbski institut z.t.

Leiter:
Dr. Franz Schön

Öffnungszeiten:
Mo-Fr 7.30-15.30 Uhr.

Findhilfsmittel:
Bestandsverzeichnis des Sorbischen Kulturarchivs in Bautzen. Teil I: Restarchiv der Macica Serbska/Frido Metsk. Bautzen 1963. (Spisy Instituta na serbski ludosypt = Schriftenreihe des Instituts für sorbische Volksforschung 20); Teil II: Nachlässe von Mitgliedern der Macica Serbska/Frido Metsk. Bautzen 1976. (Spisy Instituta za serbski ludospyt = Schriftenreihe des Instituts für sorbische Volksforschung; 45); Teil IV: Archivalische Sammlung der Macica Serbska/Frido Metsk. Bautzen 1978. (Spisy Instituta za serbski ludospyt = Schriftenreihe des Instituts für sorbische Volksforschung; 51). Maschinenschriftliche Findbücher der bearbeiteten Bestände.

Bibliothek:
Sorbische Zentralbibliothek/Serbska centralna biblioteka bzw. Bibliothek des Sorbischen Instituts e.V. sind Leihbibliotheken.

Veröffentlichungen des Archivs:
F. Metsk, K. A. Kocororowe zawostajenstwo w Serbskim kulturnym archiwje (= Der Nachlaß von K. A. Kocor im SKA), Bautzen 1971. Jurja Pilkowe zawostajenstwo w Serbskim kulturnym archiwje (Der Nachlaß von Jurij Pilk im SKA), Bautzen 1974.

Geschichte des Archivs:
Das Sorbische Kulturarchiv entstand 1957 als eine Abteilung des Institutes für sorbische Volksforschung (jetzt Sorbisches Institut e.V.). Grundstock seiner Bestände ist das Restarchiv der Macica Serbska, der 1848 gegründeten sorbischen wissenschaftlichen Gesellschaft. Das Archiv versteht sich als zentrale Sammelstelle für sorbisches und sorabistisches Schriftgut. Neben dem Archivgut des Sorbischen Instituts werden vor allem Nachlässe sorbischer Persönlichkeiten und sorbischer, nichtstaatlicher Institutionen aufbewahrt.

Bestände:
Akten, Fotos, Zeitungsausschnittssammlung, sorbische und sorabistische Diplom- und Abschlußarbeiten, Dissertationen, Materialsammlungen und ähnliches.

Archiv des Deutschen Freimauer Museums, Bayreuth

Anschrift:
Deutsches Freimaurer-Museum, Archiv und Bibliothek, Im Hofgarten 1, 95444 Bayreuth, Tel. 0921/69824, Fax 0921/512850

Archivträger:
Großloge A. F. u. A. M. v. Deutschland

Leiter:
Herbert Schneider

Öffnungszeiten:
Di-Fr 10-12 und 14-16 Uhr, Sa 10-12 Uhr.

Findhilfsmittel:
Beständeübersicht, Karteien.

Bibliothek:
Präsenzbibliothek, 14.000 Titel zur Freimauerei.

Geschichte des Archivs:
Das Archiv wurde 1902 gegründet, während der NS-Zeit geplündert und seit 1949 wieder aufgebaut.

Bestände:
Akten, Urkunden und Fotos.

Universitätsarchiv Bayreuth

Anschrift:
Universitätsstr. 30, 95447 Bayreuth,
Tel. 0921/555216, Fax 0921/555214

Archivträger:
Universität Bayreuth

Findhilfsmittel:
Das Archiv der Universität befindet sich nach Auskunft des Kanzlers im Aufbau, nähere Angaben sind noch nicht möglich.

Stiftung Archiv der Akademie der Künste, Berlin

Anschrift:
Angegeben wurden fünf Teilanschriften:
Robert-Koch-Platz 10, 10115 Berlin,
Tel. 2825138, 2829442, Fax 2824743;
Hanseatenweg 10, 10557 Berlin,
Tel. 3900070, Fax 39000771;
Luisenstraße 60, 10117 Berlin,
Tel. 28448248 (Bereich Bildende Kunst);
Spandauer Damm 19, 14059 Berlin,
Tel. 39000774, Fax 39000785
(Bereich Baukunst),
Chausseestraße 125, 10115 Berlin, Tel. 2823125
(Bertolt-Brecht-Archiv)

Archivträger:
Akademie der Künste, Hanseatenweg 10,
10557 Berlin

Leiter:
Dr. Wolfgang Trautwein

Öffnungszeiten:
Di - Do 9-16 Uhr und Fr 9-15 Uhr.

Findhilfsmittel:
Bestandsübersicht in Vorbereitung, Findbücher, Karteien und Dateien, Listen.

Bibliothek:
Präsenz- und Leihbibliothek mit ca. 220.000 Bänden zur Deutschen Kunst- und Literaturwissenschaft, zu Akademiemitgliedern, bedeutender Schriftsteller und Künstler, zur Geschichte der Akademie, Akademiepublikationen, Ausstellungskataloge, Fachzeitschriften.

Veröffentlichungen des Archivs:
Archiv-Blätter (bisher erschienen ist nur Heft 1, Januar 1994).

Geschichte des Archivs:
Die Stiftung Archiv wurde im September 1993 gegründet und der von den Ländern Berlin und Brandenburg getragenen Akademie der Künste zugeordnet. Die Stiftung vereint die Bestände der bisherigen Ost- und West-Berliner Akademiearchive und führt sie weiter.

Bestände:
Archivalien und Bücher der Akademie der Künste, der Berliner Kunstakademien seit Gründung der späteren Preußischen Akademie der Künste 1696. Ferner Sammlungen zum Exil mit Bezügen zu Kunst, Künstlern, Kultur und Kulturpolitik der DDR, Bilder, Tongut, Kunstgegenstände, Risse, Pläne, Zeitungsausschnitte.

Archiv der ehem. Akademie der Pädagogischen Wissenschaften der DDR, Berlin

Anschrift:
Deutsches Institut für Internationale Pädagogische Forschung, Bibliothek für Bildungsgeschichtliche Forschung - Archiv, Warschauer Str.34-38, Postfach 39, 10182 Berlin, Tel. 030/7075710 (Leitung), 030/7075712 (Benutzungsdienste), Fax. 030/5893901

Archivträger:
Depositum des Bundesarchivs beim Deutschen Institut für Internationale Pädagogische Forschung.

Leiterin:
Dr. Ursula Basikow

Öffnungszeiten:
Mo-Do 10-18 Uhr, Fr 8-16 Uhr.

Findhilfsmittel:
Beständeübersicht, Findbücher, Übergabelisten und Karteien.

Bibliothek:
Schwerpunkt ist Pädagogik mit 700.000 Bänden vom 17. Jahrhundert bis zur Gegenwart.

Veröffentlichungen des Archivs:
Roswitha Wollkopf, Das Archiv der Akademie der Pädagogischen Wissenschaften der DDR. Berlin 1982.

Geschichte des Archivs:
Das Archiv ist mit der Gründung des Deutschen Pädagogischen Zentralinstituts (DPZI) 1949 als dessen Verwaltungsarchiv entstanden und bewahrt das Archivgut dieser Einrichtung sowie seiner Nachfolgeeinrichtung, der 1970 gegründeten und 1990 aufgelösten Akademie der Pädagogischen Wissenschaften der DDR (APW), auf. Die Personalakten sind bei Auflösung der APW von der Berliner Senatsschulverwaltung übernommen worden.

Bestände:
Akten, Fotosammlungen, Nachlässe, Teilnachlässe und Personenfonds namhafter und weniger bekannter Pädagogen, graue Literatur ist im wesentlichen in den Akten enthalten, Spezialsammlung "Ergebnismaterialien der pädagogischen Forschung" für den Zeitraum 1964-1986.

Archiv der Berlin - Brandenburgischen Akademie der Wissenschaften

Anschrift:
Jägerstr. 22-23, 10117 Berlin,
Tel. 030/20370221, Fax 030/20370446

Archivträger:
Berlin-Brandenburgische Akademie der Wissenschaften

Leiter:
Dr. Wolfgang Knobloch

Öffnungszeiten:
Mo-Fr 8.30-14.45 Uhr.

Bibliothek:
Präsenzbibliothek mit ca. 5.600 Bänden.

Veröffentlichungen des Archivs:
Berichte in den Jahrbüchern der Akademie der Wissenschaften der DDR. Christa Kristen, Die Gründung des Archivs der Deutschen Akademie der Wissenschaften zu Berlin, in: Archivmitteilungen 11 (1961), S.183 - 188. Klaus Klauß, Geschichte der Abteilung Nachlässe des Zentralen Archivs der Akademie der Wissenschaften der DDR, in: Archivmitteilungen 34 (1984) 5, S.168 - 172. Wolfgang Knobloch, Das Zentrale Archiv der Akademie der Wissenschaften der DDR, in: Archivmitteilungen 39 (1989), S.132 - 134. Ders., Das papierne Gedächtnis, in: Spectrum 22 (1991), S.19 - 21.

Geschichte des Archivs:
Das Archiv wurde nach der Gründung der Kurfürstlich-Brandenburgischen Sozietät der Wissenschaften (1700) eingerichtet. 1944 wurden auch die literarischen Nachlässe der Literaturarchiv-Gesellschaft übernommen.

Bestände:
Schriftgut und Kunstobjekte, Preußische Akademie der Wissenschaften, ca. 20 wissenschaftliche Unternehmen, Institutionen und Gesellschaften, Zentrale Leitungsorgane der AdW zu Berlin bzw. der AdW der DDR, Klassen und Institute, Koordinierungs- und Aufbau-Initiative für die Forschung in den Ländern Berlin, Brandenburg, Mecklenburg-Vorpommern, Sachsen, Sachsen-Anhalt und Thüringen, Akademiearchiv (KAI-AdW und KAI e.V.), ca. 200 Nachlässe oder Nachlaßteile, Autographensammlung, Fotos, Medaillen, Gedenkmünzen, Graphikportäts, Tonbänder, Filme, Zeitungsausschnitte.

Sonderaufgaben:
Sammlung von wissenschaftlichen Instrumenten und Geräten.

Bauhaus Archiv, Berlin

Anschrift:
Klingelhöfer Str. 14, 10785 Berlin

Archivträger:
Land Berlin

Leiterin:
Dr. Magdalena Droste

Öffnungszeiten:
Mo-Fr 9-13 Uhr.

Findhilfsmittel:
Findbücher für Teilbestände.

Bibliothek:
Präsenzbibliothek mit 20.000 Bänden, Schwerpunkt Bauhaus.

Geschichte des Archivs:
1960 wurde das Archiv in Darmstadt gegründet und befindet sich jetzt in Berlin.

Bestände:
Akten, Filme, Fotos.

Archiv des Berlinmuseums, Berlin

Anschrift:
Poststr. 13-14, 10178 Berlin

Archivträger:
Berlinmuseum, ab 1996 voraussichtlich Märkisches Museum

Leiterin:
Gisela Freydank

Öffnungszeiten:
Nach Vereinbarung.

Bibliothek:
Abgegeben an das Märkische Museum.

Bestände:
Bestände zu den Museumsabteilungen Jüdisches Museum, Theater, Mode und Geschichte.

Archiv des Centrum Judaicum, Berlin

Anschrift:
Oranienburgerstraße 28/29, 10997 Berlin,
Tel. 030/2801250, Fax 030/2801220

Leiter:
Dr. Hermann Simon

Archiv des Deutschen Archäologischen Instituts, Berlin

Anschrift:
Podbielski Allee 69-71, 14195 Berlin,
Tel. 030/830080, Fax 030/83008168

Archivträger:
Deutsches Archäologisches Institut

Leiterin:
Dr. Antje Krug

Öffnungszeiten:
Nach Vereinbarung.

Findhilfsmittel:
Beständeübersicht, Findbücher, Regesten, Karteien.

Bibliothek:
Die Bibliothek ist eine eigene Abteilung des DAI und vom Archiv getrennt.

Veröffentlichungen des Archivs:
H. Simon, Gelehrtenbriefe im Archiv des DAI (1973).

Geschichte des Archivs:
Gegründet wurde es 1929 von G. Rodenwaldt, Präsident des Instituts, als Sammlung von historischen Gelehrtenbriefen und ist durch die Übernahme von Gelehrtennachlässen, Briefen und Architekturzeichnungen erheblich gewachsen. Es enthält in der Hauptsache Nachlässe und Material zu Tätigkeit und Geschichte des Instituts und eine Sammlung von biographischem Material zu den Mitgliedern des Instituts.

Bestände:
Briefe, Tagebücher, Fotos, Zeichnungen und Pläne, wissenschaftliche Materialien, Manuskripte, Urkunden, Biographica.

Bibliothek:
Präsenzbibliothek mit 13.000 Bänden, zu den Bereichen Normung, technische Regelsetzung und technisches Recht.

Veröffentlichungen des Archivs:
Jahresberichte.

Geschichte des Archivs:
Das nach 1945 aufgebaute Archiv ist seit 1979 Teil des Deutschen Informationszentrums für technische Regeln (DITR) im DIN und unterhält die Referenzsammlung der Datenbankdokumente. Die Bestände reichen zurück bis in das Gründungsjahr des DIN 1917. Gesammelt wird alles Material zur Normung sowie zum Beuth Verlag, einer Tochtergesellschaft des DIN.

Bestände:
Sammlung personen- und ereignisbezogener Unterlagen zur Normungsgeschichte, Publikationen zur Normung, vorwiegend vergriffene Veröffentlichungen des DIN und des Beuth Verlages, Altnormensammlung zurückgezogener DIN-Normen und der TGL-Standards, soweit diese zum Zeitpunkt der Vereinigung Deutschlands noch gültig waren, Sammlung Haeder (von Walter Haeder verfaßte oder aus seiner Privatbibliothek stammende Werke).

Archiv des Deutschen Instituts für Normung e.V., Berlin

Anschrift:
Burggrafenstr. 6, 10787 Berlin,
Tel. 030/26011234, Fax 030/26011231

Archivträger:
Deutsches Institut für Normung e.V.

Leiter:
Eberhard Janke

Öffnungszeiten:
Mo-Fr 9 - 15.30 Uhr.

Findhilfsmittel:
Kataloge.

Archiv des Deutschen Historischen Museums, Berlin

Anschrift:
Windscheidstr. 18, 10627 Berlin,
Tel. 030/329010, Fax 3247539

Archivträger:
Deutsches Historisches Museum GmbH

Leiterin:
Birgit Schnabel

Öffnungszeiten:
Nach Vereinbarung.

Findhilfsmittel:
Verzeichnisse, Karteien, EDV.

Bibliothek:
Präsenzbibliothek mit ca. 180.000 Bänden im Zeughaus, Unter den Linden 2, 10117 Berlin, Tel. 030/215020.

Öffnungszeit en :
Mo-Fr 9.00-16.30 Uhr.

Veröffentlichungen des Archivs:
Ausstellungskataloge: "Das Berliner Zeughaus", Berlin 1994, Teil 1 von Heinrich Müller, Vom Arsenal zum Museum, Teil 2 von Regina Müller, Die Baugeschichte. Regina Müller, Das Berliner Zeughaus, Magazin des Deutschen Historischen Museums 6 (1993).

Geschichte des Archivs:
Das Archiv des Deutschen Historischen Museums verwahrt die Bestände der Zeughausverwaltung aus der Zeit 1805-1951, die Bestände des Museums für Geschichte von 1952 bis 1990 und ist Zwischenarchiv/Archiv für das im Jahr 1987 gegründete Deutsche Historische Museum.

Bestände:
Akten zu den Beständen der musealen Sammlungen des Zeughauses und des Museums für Deutsche Geschichte, Verwaltung des Zeughauses, des Museums für Deutsche Geschichte und des Deutschen Historischen Museums, Ausstellungen des Zeughauses, Ausstellungsdokumentationen des MfDG und des Deutschen Historischen Museums, Pläne, Architekturzeichnungen und Fotos zur Baugeschichte des Zeughauses.

Die Deutsche Bibliothek - Deutsches Musikarchiv , Berlin

Anschrift:
Gärtnerstraße 25-32, 12207 Berlin,
Tel. 030/770020, Fax 030/77002299

Archivträger:
Die Deutsche Bibliothek, Bundesunmittelbare Anstalt

Leiter:
Dr. Heinz Lanzke

Öffnungszeiten:
Mo-Do 9-15, Fr 9-14 Uhr.

Findhilfsmittel:
Die musikbibliographischen Daten des DMA sind online (z.Zt. ca 2 Millionen Daten) verfügbar. Daraus werden die bibliographischen Dienste Reihen M ("Musikalien") und T ("Tonträger") der Deutschen Nationalbibliographie sowie die CD-ROM Musik ("DNB-Musik") gespeist. Darüber wird im DMA ein Datenbestand der sogenannten reversgebundenen Leihmateriale aufgebaut und in einem eigenen Katalogwerk veröffentlicht ("Bonner Katalog").

Bibliothek:
Ca. 25.000 Monographien, Quellenverzeichnis, Mikroformen, Musikbibliographien und -diskographien

Geschichte des Archivs:
1970 wurde das DMA auf Anregung des Deutschen Musikverleger-Verbandes, der Gesellschaft für Musikforschung und des Deutschen Musikrates gegründet. In ihm wird die Idee einer "Reichsmusikbibliothek" aus dem Jahr 1900 realisiert, zugleich setzt das DMA die Tätigkeit der "Deutschen Musik-Phonothek" und die deutsche Nationalphonothek fort. Die Anbindung an die Deutsche Bibliothek und ihre gesetzlichen Grundlagen sichert eine kontinuierliche Dokumentation der in Deutschland erscheinenden Musikdrucke und Tonträger. Die Aufgaben erfolgen in Abstimmung mit der Musiksammlung der Deutschen Bücherei in Leipzig.

Bestände:
Pflichtexemplare der deutschen Musikverleger und Tonträgerhersteller seit 1973, freiwillige Abgaben aus Österreich und der Schweiz, Dauerleihgaben der Urheberrechtsgesellschaft GEMA mit deren Belegexemplare von 1945-1973, Partiturkopien von Aufführungsmaterialien jüngerer Kompositionen, die im Handel nicht erhältlich sind. Retrospektive Bestandsergänzung bei Notendrucken ab 1945 (ältere sind in der "Deutschen Musiksammlung" der Staatsbibliothek Berlin vorhanden), historische Tonträgersammlung mit ca. 500.000 Dokumenten, davon ca.

150.000 Langspielplatten, ca 100.000 CD und Musikvideos.

Archiv der Deutschen Gesellschaft für Kinderheilkunde, Berlin

Anschrift:
Klinikum Rudolf Virchow der Freien Universität Berlin, Heubnerweg 6, 14059 Berlin, Tel. 030/30354224 oder 030/30354324, Fax 030/30354638

Leiter:
Dr. Thomas Lennert

Bestände:
Deutsche Gesellschaft für Kinderheilkunde, Gesellschaft für Pädiatrie der ehemaligen DDR, Kaiserin-Auguste-Victoria-Haus.

Archiv des Frauenforschungs-, Frauenbildungs- und Informationszentrum e.V., Berlin

Anschrift:
Danckelmannstraße 47 und 15, 14059 Berlin - Charlottenburg, Tel. und Fax 030/3221035

Archivträger:
Frauenforschungs-, -bildungs- und Informationszentrum (FFBIZ) e.V., Berlin

Leiterin:
PD Dr. Ursula Nienhaus

Öffnungszeiten:
Di 14-18, Do 10-13 und Fr 15-20 Uhr.

Findhilfsmittel:
Repertorien, Findbücher, Karteien, Findhilfen zu Spezialthemen.

Bibliothek:
Präsenzbibliothek mit ca. 9000 Bänden und feministische Zeitschriften.

Veröffentlichungen des Archivs:
Reihe "Dokumentation zur Neuen Frauengeschichte".

Geschichte des Archivs:
Das FFBIZ-Archiv ist nach eigenen Angaben das erste und bestandsreichste Archiv der Neuen Frauenbewegung in Deutschland. Mit Sammlungsbeginn am Ende der 1960er Jahre existiert es im Rahmen des FFBIZ e.V. seit 1978. Es war Vorbild vieler Gründungen in In- und Ausland und ist an verschiedenen Netzwerken im In- und Ausland beteiligt.

Bestände:
Nachlässe von Frauen und Fraueneinrichtungen, Akten aufgelöster Frauenvereine, Graue Materialien, Zeitungsausschnittsammlungen, Fotos, audiovisuelle Materialien und Plakate.

Universitätsarchiv der Freien Universität Berlin

Anschrift:
Kaiserwerther Str. 16-18, 14195 Berlin

Archivträger:
Präsident der Freien Universität Berlin

Leiter:
Dr. Armin Spiller

Öffnungszeiten:
Mo-Sa 8-14 Uhr.

Findhilfsmittel:
In Vorbereitung.

Bibliothek:
Präsenzbibliothek, ca. 2.000 Bände zur Universitätsgeschichte, Hochschulpolitik und Studentenbewegungen.

Geschichte des Archivs:
Das Archiv wurde 1970 infolge der Strukturveränderungen innerhalb der Universität und des Berliner Universitätsgesetzes von 1969 eingerichtet.

Bestände:
Fünf der ehemaligen Medizinischen, Juristischen, Philosophischen, Mathematisch-Naturwissenschaftlichen und Wirtschafts- und Sozialwissenschaftlichen Fakultäten, Rektorat und Kuratorialverwaltung, Allgemeiner Studentenausschuß (AStA), Matrikelakten, Sammlungen von Protokollen aller Gremien der FU ab 1948, Flugschriften, Zeitungsausschnitte, Plakate, Fotos, Nachlässe, Tonbänder, Museales wie z.B. Talare, erstes Gästebuch u.a.

Sonderaufgaben:
Hochschuldokumentation

Archiv der Hochschule der Künste, Berlin

Anschrift:
Postfach 126720, 10595 Berlin;
Besucheradresse:
Bundesallee 1-12, 10719 Berlin (Wilmersdorf);
Tel. 030/31852309 und 31852733,
Fax 030/31852709

Archivträger:
Hochschule der Künste Berlin

Leiter:
Dr. Dietmar Schenk

Öffnungszeiten:
Mo-Fr 10-18 Uhr in der Vorlesungszeit, und Mo-Fr 10-16 Uhr in der vorlesungsfreien Zeit. Um vorherige Terminabsprache wird gebeten.

Findhilfsmittel:
Findbücher und Register.

Bibliothek:
Handapparat mit ca. 300 Bänden.

Veröffentlichungen des Archivs:
Anton von Werner, Akademiedirektor. Dokumente zur Tätigkeit des ersten Direktors der Königlichen Akademischen Hochschule für die bildenden Künste, 1875-1915, bearb. v. Dietmar Schenk. Berlin 1993.

Geschichte des Archivs:
Das Hochschularchiv ist nach einer etwa zehnjährigen Vorgeschichte 1991 eingerichtet worden und übernahm Unterlagen aus dem 19. und frühen 20. Jahrhundert. Es handelt sich um die Überlieferung zahlreicher künstlerischer Hochschulen und Fachschulen (bildende Künste, Musik, Theater) in Berlin, die in ihrem Kern seit den sechziger Jahren des 19. Jahrhunderts aus der Berliner Akademie der Künste hervorgegangen und mittelbar oder unmittelbar in der heutigen Hochschule der Künste (1975 gegründet) aufgegangen sind. Die Verluste infolge des Zweiten Weltkriegs sind begrenzt.

Bestände:
Überwiegend Akten der Vorgängerinstitutionen, gegliedert in Komplexe.
Musik und Darstellende Kunst: Institut für Kirchenmusik/Akademie für Kirchen- und Schulmusik, Akademische Hochschule für Musik, Staats- und Domchor (Kgl. Hof- und Domchor), Konservatorium der Reichshauptstadt Berlin, Städtisches Konservatorium, Staatl. Hochschule für Musik und Darstellende Kunst, Hebbel--Theater-Schule / Max-Reinhardt-Schule; Bildende Künste: Akademische Hochschule für die bildenden Künste, Unterrichtsanstalt am Kunstgewerbemuseum, Vereinigte Staatsschulen für freie und angewandte Kunst, Kgl./Staatl. Kunstschule, Staatl. Hochschule für bildende Künste, Meisterschule für Graphik Druck und Werbung, Meisterschule für das Kunsthandwerk;
Archiv der Hochschule der Künste: Akten, Publikationen, Tonträger, Filme, Nachlässe und Nachlaßsplitter, Autographen, hochschulgeschichtliche Sammlungen, Fotos, Jahresberichte, Programme, Presseausschnitte, Plakate, Flugblätter.

Historisches Archiv des Museums für Verkehr und Technik, Berlin

Anschrift:
Trebbiner Str. 9, 10963 Berlin,
Tel. 030/25484133

Archivträger:
Land Berlin

Leiter:
Jörg Schmalfuß

Öffnungszeiten:
Di und Do 13-17.30 Uhr.

Findhilfsmittel:
Repertorien und Karteien.

Bibliothek:
Präsenzbibliothek mit ca. 200.000 Bänden in einer eigenen Abteilung.

Veröffentlichungen des Archivs:
Alfred Gottwald und Holger Steinle, Verkehrs- und Baumuseum Berlin, 1984. Jörg Schmalfuß, Das archivalische Gedächtnis des Technikmuseums, in: Schätze und Perspektiven, Berlin 1985, S.134-136. Ulrich Kubisch, Zündapp, Berlin 1986. Helmut Lindner und Jörg Schmalfuß, 150 Jahre Borsig, Berlin-Tegel, Berlin 1987.

Geschichte des Archivs:
Das Archiv wurde 1982 gegründet mit den Beständen der Gesellschaft für die Wiedererrichtung eines Verkehrsmuseums in Berlin e.V. als Grundstock und den Akten des im Zuge der S-Bahnverhandlungen vom MVT übernommenen ehemaligem Verkehrs- und Baumuseums. Das Museum versteht sich als "Museum der Alltagswerke der Technik der Industrie- und Alltagskultur, der wissenschaftlich-technischen Kulturgeschichte und der Welt der Menschen".

Bestände:
Schriftgut und Sammlungen der Vorgängereinrichtungen, wie das Verkehrs- und Baumuseum, Museum für Meereskunde, Gesellschaft zur Wiedereinrichtung eines Verkehrsmuseums in Berlin e.V., Deutsche Luftfahrtsammlung e.V., ca. 15 Firmenarchive, ca. 15 Nachlässe, Autographensammlung, Firmenschriften, Reiseprospekte, Fahrkarten, Briefmarken, Münzen, Medaillen, Siegel, Marken, Karten und Pläne, Ansichten, Pläne, Fotos, Plakate.

Universitätsarchiv der Humboldt - Universität, Berlin

Anschrift:
Unter den Linden 6, 10099 Berlin,
Tel. 030/20332803, Fax 030/20378707

Archivträger:
Humboldt-Universität Berlin

Leiter:
Dr. Winfried Schultze

Öffnungszeiten:
Mo-Mi. 8-15.30, Do 8-19 Uhr.

Findhilfsmittel:
Findbücher für Bestände bis 1945, Karteien für Bestände nach 1945; Spezialinventare zu Berufungsangelegenheiten des Lehrkörpers, Bausachen, Karteien zu Promotionen, Ehrenpromotionen und Habilitationen.

Bibliothek:
Handbibliothek mit ca. 1.500 Bänden.

Veröffentlichungen des Archivs:
Die Humboldt - Universität zu Berlin, Bilder aus Vergangenheit und Gegenwart, herausgegeben von Karl-Heinz Wirzberger, Berlin 1973. Humboldt - Universität zu Berlin, Dokumente 1810-1985, Berlin 1985. Heinz Kossack, Das Archiv der Humboldt - Universität zu Berlin, in: Archivmitteilungen 16 (1966), S.184-185, 24 (1974), S.191-192, 29 (1979), S.209-210. Winfried Schultze, Das Archiv der Humboldt - Universität zu Berlin, in: ebenda 40 (1990), S.100-101. Ders., Die Universitäts- und Hochschularchive Berlins, Der Archivar 45 (1992) H. 3, Sp. 378-383.

Geschichte des Archivs:
Das Archiv wurde im April 1954 mit der Übernahme des Schriftguts der Verwaltung und aller Fakultäten eingerichtet. Es hat zentrale Zuständigkeit für die gesamte Universität und war bis 1992 dem Rektoramt zugeordnet. Im April 1992 wurde das Archiv in die Universitätsbibliothek eingegliedert.

Bestände:
Rektorat, Fakultäten und Institute sowie der Verwaltung der Friedrich-Wilhelms Universität seit 1810, die Bestände ehemals selbständiger und später in die Universität eingegliederter preußischer Hochschulen wie die Tierärztliche Hochschule, Landwirtschaftliche Hochschule, Forstliche Hochschule Eberswalde, Wirtschaftshochschule Berlin, Charité; Matrikel, Konzepte der Abgangszeugnisse, Studentenkarteien, Prüfungsakten, Promotions-, Habilitations- und Berufungsverfahren, Pesonalakten der Hochschullehrer, Fachbereiche, Fotosammlung und mehr als 100 Nachlässe.

Die Kirchliche Hochschule Berlin existiert seit ihrer Fusion mit der Theologischen Fakultät der Humboldt-Universität Berlin zum 1.6.1993 nicht mehr. Die Archivalien der KHB hat das Konsistorium der Evangelischen Kirche in Berlin-Brandenburg, der frühere Träger der KHB, übernommen.

Sonderaufgaben:
Kustodie für den gesamten Kunstbesitz der Universität.

Matthias Domaschk - Archiv, Berlin

Anschrift:
Schliemannstraße 23 (Quergebäude),
10437 Berlin-Prenzlauer Berg, Tel. und Fax 030/4464844

Archivträger:
Robert-Havemann-Gesellschaft e.V.

Leiter:
Frank Ebert und Tom Sello

Öffnungszeiten:
Di 16-21 und Do 10-16 Uhr und nach Vereinbarung.

Findhilfsmittel:
EDV-Erschließung nach Personen, Schlagworten, Chronologie.

Bibliothek:
Präsenzbibliothek zu Geheimdiensten, Literatur zu Stasiakten und Geschichte der Opposition in der DDR.

Veröffentlichungen des Archivs:
Die andere Geschichte, herausgegeben von Matthias-Domaschk-Archiv Jena.

Geschichte des Archivs:
1992 wurde das Matthias-Domaschk-Archiv gegründet. Anfangs war es ein unabhängiger Bestandteil der "Umweltbibliothek Berlin" und wurde im Mai 1993 Teil der Robert-Havemann-Gesellschaft e.V. Schwerpunkte liegen auf der Erfassung von Materialien der Opposition und der Repressionsorgane der DDR.

Bestände:
Oppositionsmaterialien bestehend aus Flugschriften, Briefen, Zeitschriften, Plakaten, Tonträger, Filmen und Fotos. Ferner Ersatzdokumentationen aus dem Ministerium für Staatssicherheit und Parteibeständen zu Oppositionsgruppen und Einzelpersonen.

Archiv zur Geschichte der Max - Planck - Gesellschaft, Berlin

Anschrift:
Otto-Warburg-Haus, Boltzmannstraße 14,
D-14195 Berlin-Dahlem, Tel. 030/8305491,
Fax 030/8305494

Archivträger:
Max-Planck-Gesellschaft zur Förderung der Wissenschaften e.V.

Leiter:
Prof. Dr. Eckart Henning

Öffnungszeiten:
Mo-Do 9-16, Fr 9-15 Uhr. Das Archiv ist eingeschränkt zugänglich nach Voranmeldung.

Findhilfsmittel:
Repertorien, Karteien, Generalkartei im Aufbau.

Bibliothek:
Präsenzbibliothek mit ca. 22.000 Bänden, ca. 200 laufend gehaltenen Zeitschriften, Sonderdrucksammlung von Kaiser - Wilhelm - / Max - Planck - Instituten und Wissenschaftlichen Mitgliedern. Besondere Sammelgebiete: Literatur zur Geschichte der Kaiser - Wilhelm - / Max - Planck - Gesellschaft und ihrer Institute, Veröffentlichungen der Mitglieder und über die Wissenschaftlichen Mitglieder beider Gesellschaften, Wissenschaftsgeschichte, Forschungsorganisation des 20. Jahrhunderts.

Veröffentlichungen des Archivs:
Archiv zur Geschichte der Max - Planck - Gesellschaft, Berlin. 2., neubearb. Aufl. München 1992 (= Max - Planck - Gesellschaft. Berichte und Mitteilungen, 1/88). Tätigkeitsberichte, in: Jahrbuch der Max - Planck - Gesellschaft 1978 ff. - Veröffentlichungen aus dem Archiv zur Geschichte der Max - Planck - Gesellschaft, Berlin 1988 ff. Bd 1: E. Henning/M. Kazemi, Chronik..., Bd. 2: J. Ellwanger, Forscher im Bild...., Bd. 3: C. Bergemann, Mitgliederverzeichnis der Kaiser-Wilhelm-Gesellschaft, Bd. 4: E. Henning/M. Kazemi, Chronik... (1946-1960), Bd. 5: G. Gill/D. Klenke, Institute..., Bd. 6: P. Hauke, Bibliographie... E. Henning, Tresor der Wissenschaft und Gedächtnis der Verwaltung: Bibliothek und Archiv zur Geschichte der Max - Planck - Gesellschaft. Bilanz nach 9 Jahren, in: MPG-Spiegel 1984, H. 2, S.41-45. B. vom Brokke, Das Archiv zur Geschichte der Max - Planck - Gesellschaft. Vorgeschichte, Gründung und Anfangsjahre einer Berliner Forschungsstätte für Wissenschaftsgeschichte (1975-1990). In: Dona Brandenburgica. Festschrift für Werner Vogel. Hrsg. Landesgeschichtl. Vereinigung f. d. Mark Brandenburg. Berlin 1990, 291-320 (= Jahrbuch für brandenburgische Landesgeschichte, 41); Ders., Die naturwissenschaftlich-technische Überlieferung in der Bundesrepublik Deutschland - Probleme ihrer archivischen Sicherung. Aus der Sicht des Archivs zur Geschichte der Max-Planck-Gesellschaft. Archivar 44, Sp.64-68 (1991). Ders., Wahrheit und Wert eines wissenschaftshistorischen Archivs. In: Wahrheit und Wert. Zum Primat d. praktischen vor d. theoretischen Vernunft. Kolloquium an der Techn. Universität Berlin (WS 1986/87), Hrsg. H. Poser. Berlin, S.235-256. Ders. und M. Kazemi, Dahlem - Domäne der Wissenschaft. Ein Spaziergang zu den Instituten der Kaiser - Wilhelm- / Max - Planck - Gesellschaft im "deutschen Oxford". Max - Planck - Gesellschaft. Berichte und Mitteilungen 3/93, München 1993.

Geschichte des Archivs:
Das Archiv wurde am 1. Oktober 1975 aufgrund eines Beschlusses des Verwaltungsrates der Max-Planck-Gesellschaft von 1973 als Bibliothek und Archiv zur Geschichte der Max - Planck - Gesellschaft (Vereinfachung des Namens 1986) gegründet. Geöffnet für Benutzer seit Mai 1977 im ehemaligen Kaiser - Wilhelm- / Max - Planck - Institut für Zellphysiologie, dem heutigen Otto - Warburg - Haus. Schwerpunkt: Archivalien der Kaiser - Wilhelm - / Max - Planck - Gesellschaft, ihrer Institute und Forschungsstellen sowie ihrer wissenschaftlichen Mitglieder.

Bestände:
Kaiser - Wilhelm - Gesellschaft und ihre Institute, Max - Planck - Gesellschaft und ihre Institute, Forschungsstellen und Abteilungen, ca. 110 Nachlässe und Teilnachlässe von wissenschaftlichen Mitgliedern, Mitarbeitern und Freunden der Kaiser - Wilhelm - / Max - Planck - Gesellschaft, darunter von den Nobelpreisträgern Walther Bothe, Peter Debye, Otto Hahn, Werner Heisenberg, Richard Kuhn, Max von Laue, Feodor Lynen und Otto Warburg, Karten und Baupläne, Selekte und Sammlungen, auch nichtverbaler Dokumente wie Medaillen, Büsten, Memorabilia, Bildersammlung, überwiegend von Instituten der Kaiser - Wilhelm - / Max - Planck - Gesellschaft und ihren Mitarbeitern, Film- und Schallarchiv, Videoaufzeichnungen von Fernsehsendungen, Tonbändern und Schallplatten, graue Literatur und Zeitungsausschnitte, Archivalienreproduktionen, Nachweise fremder Archivalien und Bestandsverzeichnisse anderer Archive.

Robert - Havemann - Archiv, Berlin

Anschrift:
Schliemannstraße 23 (Quergebäude), 10437 Berlin - Prenzlauer Berg, Tel. 030/4456503, Fax 030/4457680

Träger:
Robert-Havemann-Gesellschaft e.V.

Leiterin:
Tina Krone

Öffnungszeiten:
Di-Do 9.30-15.30 Uhr nach vorheriger Anmeldung.

Findhilfsmittel:
EDV-Erschließung nach Personen, Schlagworten, Chronologie.

Bibliothek:
Präsenzbibliothek mit ca. 600 Bänden zu Person und Schwerpunkten Robert Havemanns, sowie 700 Bänden "illegale Bibliothek" mit in der DDR verbotenen Literatur, die in den 70er und 80er Jahren von DDR-Oppositionellen aufgebaut wurde.

Veröffentlichungen des Archivs:
Tina Krone, Irena Kukutz, Henry Leide, Wenn wir unsere Akten lesen. Handbuch zum Umgang mit den Stasiakten, BasisDruck 1992. Tina Krone und Reinhard Schult, Seid Untertan der Obrigkeit. Originaldokumente der Stasi-Kirchenabteilung XX/4, 1992. Werner Theuer, Robert Havemann - Kurzbiographie, Dokumente, Auswahlbibliographie, 1994. Martin Morgner, Deckname "Maske". Fallstudie zur Zersetzung der "Künstlergemeinschaft Mecklenburg", 1995. Silvia Müller und Bernd Florath, Robert Havemann und die Akademie der Wissenschaften, 1995.

Geschichte des Archivs:
Die Robert - Havemann - Gesellschaft ging 1990 aus dem Gründerkreis des neuen Forums hervor. 1992 wurde das Robert - Havemann - Archiv gegründet und 1994 eröffnet. Arbeitsschwerpunkte sind die Biographie Robert Havemanns und die Dokumentation der Geschichte, Erfahrungen der Opposition und Bürgerbewegungen der DDR.

Bestände:
Nachlaß Robert Havemann, bestehend aus Korrepondenz und Manuskripten. Ferner Kopien zu Robert Havemann aus anderen Archiven (SED, DAW, Brandenburgisches Landeshauptarchiv, Gestapoakten und MfS), Pressedokumentationen, Fotos, Rundfunk- und Fernsehmitschnitte; Bürgerbewegung Neues Forum aus Akten und Filmmaterial, Filmmitschnitte der Sitzungen der Runden Tische mit Schriftgut, verschiedenen Sammlungen von Fotos und Presseausschnitten zur DDR-Geschichte.

Theaterhistorische Sammlung Walter Unruh, Berlin

Anschrift:
Mecklenburgische Str. 56, 14197 Berlin

Archivträger:
Freie Universität Berlin

Leiterin:
Helga Haas

Öffnungszeiten:
Di 8-12, Mi, Do 9-15 Uhr.

Findhilfsmittel:
Beständeübersicht.

Bibliothek:
Präsenzbibliothek.

Geschichte des Archivs:
Die Theaterhistorische Sammlung Walter Unruh ist nach ihrem Stifter benannt. Der Fabrikdirektor Walter Unruh (1880-1961), Hersteller der Danziger Lachsliköre, übersiedelte 1921 mit seiner Firma von Danzig nach Berlin. 1950 schenkte er die Sammlung aus Stiftungen und Künstlernachlässen der Stadt Berlin. Sie wurde als "Theatersammlung der Stadt Berlin" im Schloß Charlottenburg untergebracht. Seit 1953 ist sie als

Dauerleihgabe im Theaterwissenschaftlichen Institut der Freien Universität Berlin untergebracht.

Bestände:
Künstler- und Schriftstellerbriefe, umfangreiche Autographensammlung, Theaterzettel und Programmhefte, Schauspielerportraits, Photos und Zeichnungen, Rollenbilder des Charakterschauspielers Walter Loderer vom Danziger Staatstheater, Bilder des Danziger Stadttheaters, Danziger Künstlerphotos, Sammlung Erich Friedländer mit Künstlerpostkarten von Mitgliedern der Berliner ehemaligen königlichen Theater, Skizzenbuch des Herzogs von Meiningen mit vom Herzog selbst entworfenen und gezeichneten Kostümentwürfen.

Zentralarchiv der Staatlichen Museen Preußischer Kulturbesitz, Berlin

Anschrift:
Staatliche Museen zu Berlin - Preußischer Kulturbesitz. Zentralarchiv, Bodestr. 1-3, 10718 Berlin, Tel. 030/20355519, Fax 30/2004950

Archivträger:
Stiftung Preußischer Kulturbesitz

Leiter:
Dr. Jörn Grabowski

Öffnungszeiten:
Di-Fr 9-15 Uhr.

Findhilfsmittel:
Bestandsübersicht, Findbücher und -karteien, Spezialinventare, Fotokarteien und EDV-Datenbanken.

Bibliothek:
Präsenzbibliothek mit museumsspezifischer Literatur und Kataloge.

Veröffentlichungen des Archivs:
Annegret Janda, Schriftliche Quellen zur bildenden Kunst des 19. und 20. Jahrhunderts. Die Sammlung der Künstlerbriefe in der National-Galerie der Staatlichen Museen zu Berlin. Mit Namensregister zu den Autographen, zusammengestellt von Gisa Sommer, in: Forschungen und Berichte 21 (1980). Annegret Janda, Die Gemälde und Bildwerke der Expressionisten im ehemaligen Kronprinzen-Palais, in: Das Schicksal einer Sammlung. Aufbau und Zerstörung der Neuen Nationalgalerie im ehemaligen Kronprinzen-Palais Unter den Linden 1918-1945, 2. Auflage 1988. Friedrich Künzel, Zentralarchiv - Jahresberichte der Museen und Sammlungen 1988 und 1989, in: Forschungen und Berichte 31 (1991). Jörn Grabowski, Die Neue Abteilung der Nationalgalerie im ehemaligen Kronprinzenpalais. Raumansichten aus den Jahren 1932/1933, in: Jahrbuch Preußischer Kulturbesitz 28 (1992). Annegret Janda und Jörn Grabowski, Die Kunst in Deutschland 1905 - 1937. Die verlorene Sammlung der Nationalgalerie im ehemaligen Kronprinzenpalais/Dokumentation, Bilderheft der Staatlichen Museen zu Berlin 70-72, Berlin 1992. Friedrich Künzel, Quellen zur Museums- und Kunstgeschichte, Die Geschichte und die Bestände des Zentralarchivs auf der Museumsinsel, in: Jahrbuch der Berliner Museen, NF 34 (1992). Jörn Grabowski, Die Nationalgalerie zwischen Kaiserhaus und Kunst dargestellt am Beispiel zeitgenössischer Fotografie, in: Jahrbuch Preußischer Kulturbesitz 29 (1993).

Geschichte des Archivs:
Bereits mit der Gründung der Museen 1830 gab es Bestrebungen, die schriftliche Überlieferung der Sammlungen in einem Archiv zu konzentrieren, die jedoch nicht realisiert wurden. Erst in der Phase des Wiederaufbaus der Museen gegen Ende der 50er Jahre wurden auf der Museumsinsel drei Archive mit unterschiedlichen Zuständigkeitsbereichen eingerichtet. Die Archive des Bode-Museums und der Nationalgalerie sowie das Archiv der Museumsbauverwaltung wurden 1987 zu einem Museumsarchiv (Zentralarchiv) zusammengeschlossen. Die Zuständigkeit des Zentralarchivs erstreckt sich auf alle Museen, Sammlungen und Verwaltungsabteilungen der Staatlichen Museen zu Berlin, seit 1991 auf die Museumseinrichtungen des Preußischen Kulturbesitzes.

Bestände:
Königliche und Staatliche Museen zu Berlin, Kunstkammer, Generalverwaltung des Kaiser - Friedrich - Museum, der Gemäldegalerie, Skulpturensammlung, des heutigen Museums für Spätantike und Byzantinische Kunst, des Museums für Islamische Kunst und des Münzkabinetts, Nationalgalerie, Kupferstichkabinett, Ägyptisches Museum / Papyrussammlung, Antikensammlung, Vorderasiatisches Museum, Museum für Deutsche Volkskunde, Museumsbibliothek / Jahrbuchredaktion, Bauverwaltung, Staatlichen Museen zu Berlin (Ost), Zwischenarchiv für die Verwaltung und die Sammlungen, Kunstgeschichtliche Gesellschaft zu Berlin, Kaiser - Friedrich - Museums - Verein, Verein zur Erhaltung des Kunsthistorischen Instituts in Florenz, Deutsche Volkskunstkommission, Institut für Volkskunstforschung, ca. 25 Nachlässe, Sammlungen von Autographen, Briefen, Manuskripten, Dokumentation zur Kunst des 19. und 20. Jahrhunderts, Nazi-Aktion "Entartete Kunst", "Neue Abteilung der Nationalgalerie im ehemaligen Kronprinzen-Palais", "Proletarische Kunst - Asso", Zeitungsausschnitte, Druckschriften, Fotos.

Archiv der Technischen Fachhochschule Berlin

Anschrift:
Luxemburger Str. 10, Haus Grashof, Raum 802, 13353 Berlin, Tel. 030/5042420 oder 45042439

Archivträger:
Technische Fachhochschule Berlin (TFH)

Leiter:
Prof. Dr. Rolf Kreibich

Öffnungszeiten:
Nach Vereinbarung.

Findhilfsmittel:
Verzeichnisse.

Veröffentlichungen des Archivs:
Historisches Archiv zur Ingenieurausbildung, in: Mitteilungen des Vereins für die Geschichte Berlins, Heft 4 /1979. Eine Schatzkammer eigener Art, in: TFH Presse Nr. 4/1989. Hans-Joachim Wefeld, Ingenieure aus Berlin. 300 Jahre technisches Schulwesen, Berlin 1988.

Geschichte des Archivs:
Am 1.4.1971 wurden die ehemaligen Staatlichen Ingenieurakademien Berlins zur Technischen Fachhochschule zusammengelegt. Die schulgeschichtlichen Archivbestände der Ingenieurakademien Bauwesen, Beuth, Gartenbau und Gauß bedurften einer zentralen Zusammenfassung und Aufbereitung. Hieraus haben sich erstmals Ansatzpunkte für eine historische Gesamtdarstellung des technischen Bildungswesens in Berlin entwickelt. Das Archiv arbeitet seit 1975 und hat rund 100 technische Lehranstalten staatlicher, städtischer, militärischer und privater Träger erfaßt.

Bestände:
Erste Handwerkerschule, Bau-Archive Kurfürstenstraße, Leinestraße und Vereinigte Bauschulen, Beuth-Archiv, Gauß-Archiv, Gartenbau--Archiv und TFH-Archiv, Aktenbestände über Ingenieurschulreformen und berufsständische sowie bildungspolitische Organisationen, Studentika, Sammlungen von Lehrbüchern, Dias zur Baugeschichte Berlins, Architektur und Gartenbau, Musealien, Biographische Sammlungen u.a. zu C. P. W. Beuth, C. F. Gauß, F. Grashof und P. J. Lenne und Materialien zu ca 75 Institutionen.

Universitätsarchiv der Technischen Universität Berlin

Anschrift:
Universitätsbibliothek, Straße des 17. Juni 135, 10623 Berlin, Tel. 030/31423685, Fax 030/31425327

Archivträger:
Technische Universität Berlin

Leiter:
Hans-Georg Malz

Öffnungszeiten:
Nach Vereinbarung.

Findhilfsmittel:
Findbücher, Karteien, spezielle Findhilfsmittel.

Bibliothek:
Präsenzbibliothek, 500 Einheiten, Hochschulgeschichte Technische Hochschule/Technische Universität Berlin.

Veröffentlichungen des Archivs:
Hochschulnachrichten 1979 ff., in: Humanismus und Technik. Jahrbuch 1980, Berlin 1980 ff. Technische Universität Berlin, Universitäts-bibliothek: Benutzerführer, 10. Aufl. Berlin 1990, S.28.

Geschichte des Archivs:
Die Sammlungen der Technischen Hochschule Berlin-Charlottenburg wurden durch Kriegseinwirkungen 1943 fast vollständig zerstört. Mit dem Wiederaufbau des Archivs wurde 1953 begonnen. Seit 1962 ist es organisatorischer Bestandteil der Universitätsbibliothek, sammelt und erschließt gedruckte und ungedruckte Materialien zur Universität und ihrer Vorgängeranstalten (Bauakademie, Gewerbeakademie, Bergakademie, Technische Hochschule).

Bestände:
Zentrale Universitätsverwaltung, Fakultäten, Institute, Nachlässe von Angehörigen des Lehrkörpers der TH/TU Berlin, Hochschulgeschichtliche Sammlungen seit 1879, Sammlungen zum Lehrkörper der TH/TU Berlin, Ehrendoktoren, Ehrensenatoren, bibliographisch unselbständige Literatur der Lehrkörperangehörigen, hochschulrechtlicher Vorschriften, Satzungen, Statuten, Prüfungsordnungen und Bilder.

Werkbund - Archiv / Museum der Alltagskultur, Berlin

Anschrift:
Stresemannstraße 110, 100963 Berlin,
Tel. 030/25486900, Fax 030/24486901

Archivträger:
Werkbund-Archiv Verein

Leiter:
Eckhard Siepmann

Öffnungszeiten:
Mo-Do 9-15, Fr 9-13 Uhr.

Findhilfsmittel:
Karteien und Inventare.

Bibliothek:
Präsenzbibliothek mit ca. 30.000 Bänden.

Geschichte des Archivs:
Die Gündung erfolgte Mitte der 70er Jahre mit dem Ziel, Anschauungsmaterial und begleitende Literatur zu sammeln und wissenschaftlich aufzuarbeiten. Später soll ein Museum der Alltagskultur des 20. Jahrhunderts aufgebaut werden.

Bestände:
Materialien und Sammlungen zur Geschichte des Deutschen Werkbundes und zur Alltagskultur.

Martin - Walser - Archiv, Biberach

Anschrift:
Marktplatz 17, 88400 Biberach a.R.,
Tel. 07351/51307, Fax 07351/51526

Archivträger:
Stadt Biberach an der Riß

Leiter:
Frank Raumel

Öffnungszeiten:
Nach Vereinbarung.

Findhilfsmittel:
Beständeübersicht, Karteien, Inventare, EDV.

Bibliothek:
Präsenzbibliothek mit ca. 2000 Bänden zu Martin Walser und oberschwäbischer Literatur.

Geschichte des Archivs:
Durch Initiative des Biberacher Sammlers Heinz Saueressig konnte die Sammlung als Dauerleih-

gabe des Literaturarchivs Marbach der Stadt Biberach übergeben werden. Leben und Werk Martin Walsers sind hier dokumentiert.

Bestände:
Der literarische Bestand enthält nahezu vollständig die Erstausgaben und die weiteren Auflagen der Werke Walsers, Übersetzungen, Belege der Theater-, Film- und Fernseharbeit, Illustrationen, Zeitschriften und Bibliographisches, Zeitungsausschnittsammlung.

Wieland - Archiv, Biberach

Anschrift: Marktplatz 17, 88400 Biberach/Riß, Tel. 07351/51307, Fax 07351/51526

Archivträger:
Stadt Biberach an der Riß

Leiter:
Viia Ottenbacher

Öffnungszeiten:
Nach Vereinbarung.

Findhilfsmittel:
Beständeübersicht, Karteien, Inventare.

Bibliothek:
Präsenzbibliothek mit ca. 13.800 Bänden ab 1850, von und zu Christoph Martin Wieland, La Roche (1730-1817) und dem 18.Jahrhundert.

Veröffentlichungen des Archivs:
Wieland-Studien.

Geschichte des Archivs:
Entstanden ist das Archiv aus dem 1905 gegründeten Wieland-Museum, das bis 1972 unter der Führung des Kunst- und Altertumsvereins im Wieland-Gartenhaus stand. 1972 ging das Museum an die Stadt Biberach über, der Bestand an Büchern und Handschriften sowie Bild- und Objektsammlungen zogen als Wieland-Archiv in die neuen Räume der Stadtbücherei ein. 1981 wurde der Wieland-Schauraum als literarisches Museum eingerichtet, 1985 die Dauerausstellung "Gärten in Wielands Welt" im Wieland-Gartenhaus eröffnet.

Bestände:
Rekonstruktion der Wieland-Bibliothek nach einem Auktionsverzeichnis (1730-1807) Materialien zu Musikdirektor Justin Heinrich Knecht (1752-1817), Autographen und Materialsammlung zu Wieland.

Sonderaufgabe:
Betreuung des Wieland-Museums

Universitätsarchiv Bochum

Anschrift:
Universitätsstr.150, 44780 Bochum, Tel. 0234/7001

Archivträger:
Ruhr-Universität Bochum

Geschichte des Archivs:
Das Universitätsarchiv ist seit 1994 im Aufbau.

Beethoven - Archiv, Bonn

Anschrift:
Bonngasse 24-26, 53111 Bonn, Postfach, 53014 Bonn, Tel. 0228/658245

Archivträger:
Verein Beethoven-Haus

Leiter:
Dr. Sieghard Brandenburg
Öffnungszeiten:
Mo-Fr 9-13 und 14-17 Uhr.

Findhilfsmittel:
Karteien und Inventare.

Bibliothek:
Präsenzbibliothek mit ca 50.000 Bänden mit Schwerpunkt Beethoven und seine Zeit.

Veröffentlichung des Archivs:
Neue kritische Gesamtausgabe der Werke Beet-

hovens, seiner Skizzen, Herausgabe eines Beethoven-Jahrbuchs, kommentierte Faksimilie-Ausgaben, Schriften zur Beethoven-Forschung, Briefausgabe.

Geschichte des Archivs:
Das Archiv wurde 1927 von Prof. Dr. Ludwig Schiedermair als wissenschaftliches Forschungsinstitut gegründet. Es sammelte alle Dokumente zu Beethovens Leben und Werk in Ersatzdokumentation und seit 1950 erfolgen auch wissenschaftliche Editionen.

Bestände:
Beethoven - Autographen, Nachlässe, Sammlung von Tonträgern und bildlichen Darstellungen, Beethoven-Pertinenzen als Ersatzdokumentationen aus verschiedenen Archiven und Bibliotheken.

Sonderaufgabe:
Betreuung des Beethoven-Museums.

Feministisches Archiv und Bücherei Arachne, Bonn

Anschrift:
Dorotheenstr. 20, 53111 Bonn,
Tel. 0228/281948

Archivträger:
Verein zur Förderung von Kultur, Kommunikation und Bildung von und für Frauen in Bonn und Umgebung e.V.

Öffnungszeiten:
Di, Mi 14-18, Do 10-14, Fr 14-19 Uhr.

Findhilfsmittel:
EDV-gestützter Themenkatalog.

Bibliothek:
Themenspezifische Leihbibliothek, Frauenzeitschriften mit den Schwerpunkten Feministische Rechtswissenschaften, Lesben, Frauen - Konzentrationslager Ravensbrück, Gewalt gegen Frauen, Selbstverteidigung und Widerstand von Frauen, Frauen im Islam, Faschismus (Deutschland, Japan), Behinderte, Rassismus.

Veröffentlichungen des Archivs:
Arachne.

Geschichte des Archivs:
Seit Mitte der 80er Jahre wurden von Frauen und Frauengruppen Materialien und Bücher gesammelt. Diese waren über mehrere Stellen verteilt und nicht öffentlich zugänglich. Daraus entstand die Idee einer zentralen und öffentlichen Dokumentationsstelle für Frauen. Im Februar 1990 konnte das Feministische Archiv und Bücherei in eigenen Räumen eröffnet werden.

Bestände:
Dokumentationen und Materialsammlungen zu Frauen, Frauengruppen, Frauenthemen und insbesondere der Bonner Frauenbewegung.

Friedenswissenschaftliches Archiv, Bonn

Anschrift:
Reuterstraße 44, 53113 Bonn,
Tel. 0228/210744, Fax 0228/214924

Leiterin:
Corinna Hauswedell

Archiv der Gesellschaft für Wehr- und Sicherheitspolitik e.V., Bonn

Anschrift:
Wenzelgasse 42, 53111 Bonn,
Tel. 0228/652556

Archiv und Museum zur Geschichte des Naturschutzes e.V., Bonn

Anschrift:
Postfach 320328, 53206 Bonn, Königswintererstraße 642, 53227 Bonn, Tel. 0228/445044, Fax 0228/441721

Archivträger:
Stiftung NRW

Leiterin:
Dietgrad Schiewe

Öffnungszeiten:
Mo-Do 8-16.30 Uhr und Fr 8-13 Uhr.

Findhilfsmittel:
EDV im Aufbau.

Geschichte des Archivs:
Das Archiv wurde 1993 eingerichtet und zunächst mit einem Dreijahresprojekt organisiert.

Bestände:
Sammlungen von Poster, Grauer Literatur und Materialien zum Naturschutz.

Archiv der Hochschulrektorenkonferenz, Bonn

Anschrift:
Ahrstr. 39, 53175 Bonn, Tel. 0228/8870, Fax 0228/887110

Archivträger:
Stiftung zur Förderung der HRK

Leiter:
Dr. Werner Becker

Öffnungszeiten:
Nach Vereinbarung.

Bibliothek: Präsenzbibliothek für Hochschulpolitik, Hochschulrecht, Wissenschaftspolitik mit ca 50.000 Bänden, 750 laufenden Periodica und 90.000 Einzelnummern aus der grauen Literatur, darunter Sammlungen von Gerichtsurteilen zu bildungs-, hochschul- und forschungspolitischen Fragen, Vorlesungsverzeichnisse aller deutscher Hochschulen seit 1945, Studien- und Prüfungsordnungen für die Studiengänge aller Hochschulen und Hochschularten und ein umfangreiches, nach Hochschulen und Bundesländern geordnetes Pressearchiv (seit 1967).

Geschichte des Archivs:
Das Archiv besteht als (Alt-) Registratur seit Gründung der Westdeutschen Rektoren-Konferenz 1949.

Bestände:
Hochschulrektorenkonferenz und ihrer Vorgängereinrichtungen, Westdeutsche Rektorenkonferenz und Rektorenkonferenzen der westlichen Besatzungszonen. Ferner einzelne Aktenbestände von Einrichtungen außerhalb der WRK/HRK wie Hochschultagungen der 1940er und 1950er Jahre, Fakultätentage, Verband deutscher Studentenschaften. Die Bestände lagern in den Diensträumen der HRK, eine Abgabe an das Bundesarchiv ist geplant.

Archiv der Kommission für Zeitgeschichte, Bonn

Anschrift:
Kommission für Zeitgeschichte, Königstr. 28, 53113 Bonn, Tel. 0228/222030, Fax 0228/221205

Archivträger:
Kommission für Zeitgeschichte e.V.

Leiter:
Dr. Karl-Joseph Hummel

Öffnungszeiten:
Mo-Do 9-12 und 13-16, Fr 9-13 Uhr.

Findhilfsmittel:
Findbücher, Karteien.

Bibliothek:
Präsenzbibliothek mit ca. 30.000 Bänden zur Geschichte des Katholizismus des 19. und des

20.Jahrhunderts.

Veröffentlichungen des Archivs:
Veröffentlichungen der Kommission für Zeitgeschichte, Reihe A: Quellen und
Reihe B: Forschungen.

Bestände:
Schriftgut katholischer Organsiationen und Verbände seit Ende des 19.Jahrhunderts. Darunter Jugendhaus Düsseldorf, Material zur Katholischen Arbeiterbewegung, Verband katholischer deutscher Studentinnen, Bund Neudeutschland, Heliand-Bund, Reichsverband für das katholische Auslandsdeutschtum, Kirchliche Hilfsstelle, katholisches Auslandssekretariat, Materialien Alfons Kupper und Nachlässe.

Universitätsarchiv Bonn

Anschrift:
Am Hof 1, 53113 Bonn, Tel. 0228/737555 und 737840

Archivträger:
Rheinische Friedrich-Wilhelms-Universität Bonn

Leiter:
Prof. Dr.Dr. Raymund Kottje (ehrenamtlich) und Dr. Paul Schmidt, Akademischer Oberrat (hauptamtlich)

Öffnungszeiten:
Mo-Fr 8.30-12.30 und 13.30-16.30 Uhr.

Findhilfsmittel:
Findbücher, Karteien.

Bibliothek:
Präsenzbibliothek mit ca. 9.250 Bänden zur Universitäts- und Wissenschaftsgeschichte, insbesondere zur Universität Bonn und deutschsprachigen Universitäten.

Veröffentlichungen des Archivs:
Academica Bonnensia. Veröffentlichungen des Archivs der Rheinischen Friedrich - Wilhelms - Universität zu Bonn. 1966ff.

Geschichte des Archivs:
Das Archiv wurde 1961 eingerichtet mit der Aufgabe, die durch die Zerstörung der Universität 1944 verstreuten Akten zusammenzutragen. Dabei ergab sich, daß die Akten des Kuratoriums und des Rektorats zum größten Teil vernichtet waren. Später folgte das Schriftgut der Evangelisch-Theologischen, Medizinischen, Philosophischen und Mathematisch-Naturwissenschaftlichen Fakultät ins Archiv, das neben der Verwahrung der Altbestände auch Registraturaufgaben wahrzunehmen hat.

Bestände:
Kuratorium und Rektorat, Universitätsverwaltung, Sekretariat, Personalakten, Evangelisch-Theologische, Medizinische, Philosophische und Mathematisch-Naturwissenschaftliche Fakultäten, Allgemeiner Studentenausschuß (AStA), Bildarchiv, Flugblatt- und Zeitungsausschnittsammlung zu studentischen Aktivitäten seit 1968, Nachlässe und Nachlaßsplitter.

Universitätsarchiv Braunschweig

Anschrift:
Pockelsstr. 4, 38106 Braunschweig,
Tel. 0531/3915033

Archivträger:
Technische Universität Carolo-Wilhelmina zu Braunschweig

Leiterin:
Birgit Pohl

Öffnungszeiten:
Mo-Fr 9-12.30 Uhr.

Findhilfsmittel:
Beständeübersicht, Findbücher, Karteien.

Bibliothek:
Leihbibliothek mit Sammelschwerpunkt Hochschulgeschichte.

Veröffentlichungen des Archivs:
Projektberichte zur Geschichte der Carolo - Wil-

helmina (Hg.: Walter Kertz) Heft 1-10 (1986-1995).

Geschichte des Archivs:
1978 wurde auf der Grundlage eines Archivs des Braunschweigischen Hochschulbundes durch eine gemeinsame Initiative von Universitätsleitung, des Hochschulbundes und der Universitätsbibliothek das Universitätsarchiv gegründet und zunächst durch eine studentische Hilfskraft betreut, die Leitung des Archivs erfolgte durch einen Beirat. Seit 1980 wird das Archiv durch eine diplomierte wissenschaftliche Hilfskraft geleitet, 1983 erfolgte der Umzug in eigene Räume. Nach dem Niedersächsischen Archivgesetz von 1993 können Hochschulen Archive unterhalten und haben die Möglichkeit, an die Stelle des Staatsarchivs zu treten.

Bestände:
Collegium Carolinum, Technische Hochschule, Bernhard-Rust-Hochschule, Pädagogische Hochschule Niedersachsen / Abt. Braunschweig, Immatrikulations- und Prüfungsakten, Personalakten, Lehrstühle, Institute, Abteilungen und Fakultäten, Universitätsbibliothek, wissenschaftliche Gesellschaften, Vereinigungen und andere Einrichtungen, Studentenschaft, Nachlässe, Stiftungen, Personaliensammlung der Lehrkräfte seit 1745, Zeitungsausschnitte, Bildarchiv zu Personen und Gebäuden, Info-, Plakat- und Flugblattsammlung, museale Sammlung.

Belladonna - Frauenarchiv und Dokumentationszentrum, Bremen

Anschrift:
Sonnenstraße 8, 28203 Bremen,
Tel. 0421/703534

Leiterin:
Maren Bock

Archiv zur neuen afrikanischen Kunst, Bremen

Anschrift:
Bremer Afrika Archiv, Universität Bremen FB 6 GW 1, Postfach 330440, 28359 Bremen, Tel. 0421/2182897, Fax 0421/219807

Archivträger:
Bremer Afrika Archiv

Leiter:
Dr. H. Kammerer-Grothaus

Öffnungszeiten:
Mo-Fr 9-12 Uhr nach vorheriger Vereinbarung.

Findhilfsmittel:
Fotos und Kartei mit Künstlerviten.

Veröffentlichungen des Archivs:
Zeitschriften und Kataloge.

Geschichte des Archivs:
Das Archiv zur modernen Kunst Afrikas wurde von der ehemaligen Deutschen Afrikagesellschaft begonnen. Die Bestände gelangten an das Übersee-Museum in Bremen und befinden sich seit 1993 am Zentrum für Afrika- und Migrationsstudien an der Unviversität Bremen.

Bestände:
Diapositive, Künsterviten, Fotonachweise. Das Vorhaben, die Dokumentation so zu erschließen, daß sie über ICOM Paris den Ländern Afrikas zugänglich wird, scheiterte bisher an zu knappen Mitteln.

Archiv des Deutschen Auswanderermuseums, Bremerhaven

Anschrift:
Inselstr. 6, 27568 Bremerhaven, Tel. und Fax 0471/49096

Archivträger:
Förderverein Deutsches Auswanderermuseum

Leiter:
Jürgen Büssenschütt

Öffnungszeiten:
Mo-Fr 9-12 Uhr und nach Vereinbarung.

Findhilfsmittel:
Bücher und Zeitungsgraphiken im PC (dbase), Verzeichnis der Briefe in Arbeit.

Bibliothek:
Präsenzbibliothek mit ca. 2000 Bänden und 300 Zeitungsgraphiken.

Geschichte des Archivs:
Der Förderverein wurde 1985 gegründet mit dem Ziel, ein Deutsches Auswanderermuseum zu errichten. Bis jetzt sammelt der Verein migrationsrelevantes Material, soweit es Deutschland betrifft. Der Verein unterstützt Forschungen auf diesem Gebiet und unterhält eine genealogische Auskunftsstelle. Er ist Mitglied der "Association of European Migration Institutions", gegründet 1992.

Bestände:
Fotos, Dokumente wie z.B. Pässe, Fahrkarten, amtliche Verlautbarungen, Auswandererbriefe, Statistiken, Karten, Sammlung von Presseausschnitten.

Archiv des Deutschen Schiffahrtsmuseums, Bremerhaven

Anschrift:
Van Ronzelen-Straße, 27568 Bremerhaven, Tel. 0471/482070, Fax 0471/4820755

Archivträger:
Deutsches Schiffahrtsmuseum

Leiter:
Klaus-Peter Kiedel

Öffnungszeiten:
Nach Vereinbarung.

Findhilfsmittel:
Systematische Kartei.

Bibliothek:
Präsenzbibliothek mit ca. 55.000 Bänden insbesondere zur deutschen Schiffahrt.

Geschichte des Archivs:
Das Archiv des DSM ist seit 1976 aufgebaut worden und hat als Sammlungsschwerpunkt die Bild- und Schriftquellen zu allen Gebieten der deutschen Schiffahrtsgeschichte.

Bestände:
Sammlungen von Fotos, technischen Zeichnungen (Schiffbau), historischen Seekarten, Werbeplakaten, Kunstblättern, mehrere Firmenarchive von Werften und Reedereien.

Universitätsarchiv Chemnitz - Zwickau

Anschrift:
Reichenhainer Str. 41, 09126 Chemnitz, Tel. 0371/5312694

Archivträger:
Technische Universität Chemnitz-Zwickau

Leiterin:
Dr. Dagmar Szöllösi

Öffnungszeiten:
Wegen Umbau z. Zt. keine Öffnungszeiten.

Findhilfsmittel:
Karteien, Listen.

Bibliothek:
Die zum Archiv gehörende Bibliothek umfaßt ca. 1.600 Bände sowie eine Druckschriften- und Zeitschriftensammlung.

Veröffentlichungen des Archivs:
Sächsischer Archivführer 1994.

Geschichte des Archivs:
Das Archiv besteht seit 1956 und hat Bestände, die bis etwa 1800 zurückreichen. Durch Kriegseinwirkung wurden jedoch zahlreiche Lükken geschlagen. Der größte Bestand dokumentiert die Vorläufereinrichtungen der Technischen

Universität Chemnitz-Zwickau. Dazu kommen zahlreiche Bestände, oft Splitter kleinerer, abgewickelter Ingenieur- und Fachschulen aus Chemnitz und mit der TU-Chemnitz fusionierter ehemaliger Lehrerbildungseinrichtungen.

Bestände:
Königlich Höhere Gewerbeschule zu Chemnitz, Technische Staatslehranstalten Chemnitz, Staatliche Akademie für Technik Chemnitz, Sächsische Höhere Fachschule für Textilindustrie, Höhere Fachschule für Wirkerei- und Strickereiindustrie Chemnitz und Limbach, Höhere Wirkschule Limbach, Höhere Webschule Zittau, Höhere Deutsche Fachschule für Metallbearbeitung und Installation Aue, Fachschule für Werkzeugmaschinenbau Karl - Marx - Stadt, Technische Lehranstalten Chemnitz, Hochschule für Maschinenbau, Technische Hochschule Karl - Marx - Stadt, Technische Universität Karl - Marx - Stadt, Arbeiter- und Bauernfakultät, Pädagogisches Institut, Ingenieurschule für Maschinenbau und Textiltechnik Karl - Marx - Stadt, Ingenieurschule für Werkstofftechnik Karl-Marx-Stadt, Ingenieurschule für Textilindustrie Apolda, Fachschule für Chemie Dresden, Meisterschule Plauen, Internatsschule Oberlungwitz, Institut zur Ausbildung von Ingenieurpädagogen Karl - Marx - Stadt, Institut für Lehrerbildung Rochlitz, Universitätsteil Breitenbrunn der Technischen Universität Karl - Marx - Stadt Sektion Berufpädagogik, Pädagogische Hochschule Zwickau, Stiftungen, Nachlässe, Fotos und Sammlungen.

Universitätsarchiv Clausthal

Anschrift:
Leibnizstr. 2, 38678 Clausthal-Zellerfeld,
Tel. 05323/722301, Fax 05323/723639

Archivträger:
Technische Universität Clausthal

Leiter:
Dr. H. Cyntha (nebenamtlich)

Öffnungszeiten:
Nur schriftliche Anfragen möglich.

Findhilfsmittel:
Beständeübersicht, Karteien.

Bibliothek:
Bibliothek befindet sich im Aufbau.

Geschichte des Archivs:
Das Archiv wurde 1994 gegründet und befindet sich im Aufbau.

Bestände:
Bergakademie Clausthal, ältere Akten des Rektorats, Fotoplatten.

Archiv der Technischen Hochschule Darmstadt

Anschrift:
Karolinenplatz 3, 64289 Darmstadt,
Tel. 06151/163129,165487, Fax 06151/164128

Archivträger:
Technischen Hochschule Darmstadt

Leiterin:
Dr. Marianne Viefhaus

Öffnungszeiten:
Mo-Fr 9-12.30 Uhr, nachmittags nach Vereinbarung.

Findhilfsmittel:
Adressenverzeichnis der ehemaligen Studierenden der THD von 1836-1885 und Verzeichnis der Studenten, Verzeichnis der Hochschullehrer, Kurzbiographien, Karteien.

Bibliothek:
Druckschriften hessischer Ministerien, des Hochschulverbandes, verschiedener Zeitschriften, Darmstädter Blätter u.a. mit Schwerpunkt Hochschul- und Bildungspolitik.

Veröffentlichungen des Archivs:
Darmstädter Archivschriften (3). Verzeichnis der Hochschullehrer der TH Darmstadt. Höhere Ge-

werbeschule. Technische Schule. Polytechnische Schule. Technische Hochschule, Teil 1: Kurzbiographie 1836-1945 bearbeitet von Christa Wolf unter Mitwirkung von Dr. Marianne Viefhaus, Darmstadt 1977. In Kürze erscheint eine siebenbändige Dokumentation zur Ausstellung 1986: "150 Jahre Technische Bildung in Darmstadt".

Geschichte des Archivs:
Im September 1944 verlor die THD nahezu ihren gesamten Aktenbestand, nur Matrikelbücher und Diplomakten blieben erhalten. Mitte der 60er Jahre wurde an der Fakultät für Kultur- und Staatswissenschaften eine Archivstelle geschaffen, die 1971 nach Einführung der Präsidialverwaltung dem Presse- und Informationsreferat angeschlossen wurde. Aus Platzgründen erfolgten Aktenabgaben als Deposita an das Staatsarchiv Darmstadt. Seit 1993 sind alle ausgelagerten Bestände wieder im Archiv vereinigt.

Bestände:
Rektorat, Hochschulverwaltung, Präsidialabteilung, Finanz- und Haushaltsabteilung, Kassenwesen, Gebäudeverwaltung, Bauwesen, Technische Abteilung, Personalabteilung, Studentensekretariat, Matrikel, Prüfungsakten, Akdademisches Auslandsamt, Gremien und Ausschüsse des Senats, Konvente der Fachbereiche, Institute und sonstige Einrichtungen der THD, Studentenschaft, Nachlässe, Ersatzdokumentation, Pressearchiv, Plakate und Flugblätter, Karten, Pläne, Bildarchiv, Audiovisuelle Medien, Sachgegenstände, Druckschriften, Gewerkschafts- und Parteienarchiv, Wahlplakate, als Depositum das Archiv für Fertigungstechnik von Kurt Häuser an den Verein Deutscher Werkzeugmaschinenfabriken e.V. (VDW) .

Archiv der Stiftung Bauhausarchiv, Dessau

Anschrift:
Gropiusallee 38, 06846 Dessau,
Tel. 0340/6508211, Fax 0340/6508218.

Archivträger:
Stiftung Bauhaus Dessau

Leiter:
Lutz Schöbe

Öffnungszeiten:
Di-Fr 9-12 und 13-15.30 Uhr.

Findhilfsmittel:
EDV, Findbücher, Karteien, Inventare.

Bibliothek:
Präsenzbibliothek mit ca. 20500 Bänden zu den Themen Bauhaus, Architektur, Kunst, Design.

Geschichte:
Nach der Rekonstruktion des Bauhausgebäudes 1976 erfolgte die Wiedereröffnung als wissenschaftlich-kulturelles Zentrum. Hieraus ging der Bereich wissenschaftliche Sammlung hervor, aus dem sich das Archiv als Arbeitsgebiet formierte; 1989 erfolgte die Anstellung einer hauptamtlichen Archivarin. Aufgaben des Archivs sind: archivfachliche Betreuung der historischen Bestände sowie der Registratur des Bauhauses seit seiner Wiedereröffnung 1976.

Bestände:
Grafische Arbeiten und andere Werke aus dem Bereich der bildenden Kunst, Architekturzeichnungen, Akten, Briefe und Fotos sowie kleinere Bestände an Möbeln, dreidimensionalen Exponaten, Textilien sowie Einzelexemplare an Büchern, Broschüren, Zeitschriften und Zeitungsartikel, Künstlernachlässe, Dienstregistratur (ab 1976).

Fritz - Hüser - Institut, Dortmund

Anschrift:
Fritz-Hüser-Institut für deutsche und ausländische Arbeiterliteratur, Ostenhellweg 56-58
44122 Dortmund, Tel. 0231/5023227

Archivträger:
Stadt Dortmund

Leiter:
Prof. Dr. Rainer Noltenius

Öffnungszeiten:
Mo-Mi 10-16, Do 10-17 und Fr 10-12.30 Uhr.

Findhilfsmittel:
Beständeübersicht, Findbücher, Karteien, Inventare.

Bibliothek:
Präsenzbibliothek mit ca. 33.000 Bänden und 1.300 Zeitschriften.

Veröffentlichungen des Archivs:
Ausstellungskataloge zur Arbeiterliteratur, Forschungen zur Arbeiterliteratur, Informationen des Fritz-Hüser-Instituts.

Geschichte des Archivs:
Grundlage ist die 1923 begonnene Privatsammlung des Stahlarbeiters Fritz Hüser, der 1945 - 1973 als Direktor der Stadtbücherei tätig war. 1973 übergab er seine Sammlung der Stadt Dortmund, die daraus ein wissenschaftliches Institut in der Trägerschaft der Stadt machte. Durch den 1981 erfolgten Umzug in der Bedeutung des Instituts angemessene Räume wurde es möglich, alle Bestände in Freihandaufstellung für die Benutzer zugänglich zu machen und insbesondere folgende Spezialabteilungen neben der Bibliothek einzurichten: Handschriften- und Dokumentenabteilung, Zeitschriftenraum, Bildarchiv, Medienarchiv, Werkkreis-Archiv und eigene Ausstellungsräume. In den Jahren 1981-1987 konnten Wanderausstellungen in 91 Städten in Europa gezeigt werden.

Bestände:
Schwerpunkt im Bereich der Arbeiterliteratur von 1848 und über frühe sozialdemokratische Schriftsteller, Bund politisch-rerologischer Schriftsteller (BPRS), Arbeiterkorrespondenten, Arbeiterdichtung, Dortmunder Gruppe 61, Werkkreis Literatur und Arbeitswelt, Arbeiterfest, Arbeiterjugend, Kriegs- und Antikriegsdichtung, Arbeiterpresse und Nachlässe von Arbeiterdichtern.

Universitätsarchiv Dortmund

Anschrift:
August-Schmidt-Str. 4, 44227 Dortmund,
Tel. 0231/7555154, Fax 0231/751532

Archivträger:
Universität Dortmund

Leiter:
Herr Millhoff

Öffnungszeiten:
Nach Vereinbarung.

Findhilfsmittel:
Beständeübersicht, Karteien.

Geschichte des Archivs:
Seit 1968 existiert es als Sammlung hochschulhistorischer Unterlagen von herausgehobener Bedeutung.

Wissenschaftsarchiv der Universität Dortmund

Anschrift:
Universitätsbibliothek Dortmund, Vogelpothsweg 76, 44222 Dortmund-Barop,
Tel. 0231/7554029, Fax 0231/7554032

Archivträger:
Universität Dortmund

Leiter:
Dr. Valentin Wehefritz

Öffnungszeiten:
In der Vorlesungszeit Mo-Do 8-20, Fr 8-18 (Vorlesungszeit), in der vorlesungsfreien Zeit 9-19, Fr 9-17 Uhr.

Findhilfsmittel:
Gedruckte Repertorien.

Veröffentlichungen:
Mitteilungen aus der Universitätsbibliothek Dortmund.

Bestände:
Nachlässe der Professoren Martin Schmeißer, Rudolf Kochendörffer, Werner Dittmar und Wolfgang Heilmann sowie unveröffentlichte Lebensläufe Dortmunder Professoren ("Lebensläufe aus eigener Hand").

Archiv des Deutschen Hygiene - Museums, Dresden

Anschrift:
Lingner Platz 1, 01069 Dresden,
Tel. 0351/4846205 oder 4846220

Archivträger:
Deutsches Hygiene Museum

Leiterin:
Marion Schneider

Öffnungszeiten:
Di-Fr 8-12 und 13-15.30 Uhr, Mo geschlossen.

Findhilfsmittel:
Beständeübersicht, Ablieferungsverzeichnisse, Findkarteien, Filmkataloge.

Bibliothek:
Leihbibliothek und Medizinische Fachbibliothek mit ca. 30.000 Bänden und 200 laufend gehaltene Zeitschriften mit Schwerpunkt Medizin, angrenzende Fachgebiete, Gesundheitserziehung und Gesundheitsförderung, Umwelt, Naturheilkunde, Literatur der Weltgesundheitsorganisation WHO.

Veröffentlichungen des Archivs:
Jubiläumsbroschüre 75 Jahre Deutsches Hygiene-Museum, Dresden 1987.

Geschichte des Archivs:
1912 wurde das Archiv gegründet, jedoch existierten bis 1945 vier Archive im Museum, die zuständig waren für Schriftgut, Bild- und Tondokumente des Museums und seiner angegliederten Unternehmen. Umfangreiche Sammlungen von Merkblättern, Plakaten und sonstige Materialien zur hygienischen Volksaufklärung gehörten zu den Beständen. 1945 sind alle Bestände einschließlich der Findhilfsmittel vernichtet worden. Ende der 60er Jahre erfolgte der Wiederaufbau des Archivs, das für Schriftgut, Bild- und Tondokumente des Museums und seiner Institute zuständig ist. Eine Sammlung vom Museum hergestellter Anschauungs- und Lehrmaterialien wurde 1992 ausgegliedert.

Bestände:
Verein Deutsches Hygiene-Museum, Verlag für Volkswohlfahrt, Aktiengesellschaft für hygienischen Lehrbedarf, Deutsches Hygiene-Museum, Institut für Gesundheitserziehung, Institut für anatomisch-biologische Unterrichtsmittel, Nachlässe von Medizinern, ehemaligen Mitarbeiter und des Museumsgründers, Film-Archiv mit gesundheitserzieherischen Filmen des Hygiene-Museums, Fotosammlung zum Deutschen Hygiene-Museum.

Archiv der Hochschule für Bildende Künste, Dresden

Anschrift:
Güntzstraße 34, 01307 Dresden,
Tel. 0351/4402136 und 4459418

Archivträger:
Hochschule für Bildende Künste, Dresden

Leiterin:
Dr. Natalia Kardinar

Findhilfsmittel:
Findbücher, Karteien, Inventare.

Bibliothek:
Präsenzbibliothek zur Hochschulgeschichte.

Veröffentlichungen des Archivs:
Von der Königlichen Kunstakademie zur Hochschule für Bildende Künste, Dresden 1989

Geschichte des Archivs:
Mit der Gründung der Kunstakademie 1764 wurde auch das Archiv angelegt. Die Materialien und das Schriftgut bis in die 1950er Jahre wurden

vom Staatsarchiv Dresden übernommen.

Bestände:
Restbestände aus dem 18. und 19.Jahrhundert der Königlichen Kunstakademie, Studentenakten, Personalakten, Verwaltung, Pläne, Filme, Fotos.

Sonderaufgaben:
Kustodie der Kunstgegenstände, insbesondere der Druckgrafiken.

Universitätsarchiv Dresden

Anschrift:
Mommsenstr. 13, 01062 Dresden,
Tel. 0351/4634452, Fax 0351/4637178

Archivträger:
Technische Universität Dresden

Leiter:
Dr. Matthias Lienert

Öffnungszeiten:
Mo-Do 9-15.30, Fr 9-13 Uhr.

Findhilfsmittel:
Findbücher, Karteien, Studentenkartei, Personalkartei und Abgabelisten.

Bibliothek:
Präsenzbibliothek mit ca. 450 Bänden, Sammlung der Universitätszeitungen, Gesetzessammlung, Graue Literatur, Biographien.

Veröffentlichungen des Archivs:
Geschichte der TU Dresden in Dokumenten und Bildern, hrsg. vom Rektor der TU, 2 Bde, Dresden 1992. M. Lienert, Die Studenten der TH Dresden unter dem Nationalsozialismus, Dresdener Hefte 35 (1993).

Geschichte:
Die vor 1945 bestehende Registratur ist beim Bombenangriff zu mehr als 50 Prozent vernichtet worden. 1952 Einrichtung des Archivs im Rektoratsgebäude.

Bestände:
Struktureinrichtungen der TH/TU Dresden und deren Vorgängereinrichtungen seit ca. 1800, Nachlässe und Nachlaßteile, Zeichnungen von Architekten zur baulichen Entwicklung der TH Dresden sowie zur Architektenausbildung in Dresden, Sammlungen zu Professoren der TU und ihrer Vorgängereinrichtungen und umfangreiche Fotosammlung. In den Außenstellen lagern die Bestände der ehemaligen Ingenieurhochschule Dresden, der Pädagogischen Hochschule, der Verkehrshochschule und der Medizinischen Akademie.

Europäisches Frauenmusikarchiv, Düsseldorf

Anschrift:
Max-Planck-Straße 4, 40237 Düsseldorf,
Tel. 0211/669333 oder 6790998

Frauen - Kultur - Archiv, Düsseldorf

Anschrift:
Universitätsstraße 1, 40225 Düsseldorf,
Tel. 0211/3114828

Leiterin:
Dr. Ariane Neuhaus-Koch

Dumont - Lindemann - Archiv / Theatermuseum, Düsseldorf

Anschrift:
Jägerhofstraße 1, 40479 Düsseldorf,
Tel. 0211/8994660

Archivträger:
Stadt Düsseldorf

Leiter:
Dr. Ilka Kügler

Öffnungszeiten:
Mo-Do 9-16.30, Fr 9-14.30 Uhr und nach Vereinbarung.

Findhilfsmittel:
Findbücher, Karteien, Systematik.

Bibliothek:
25.000 Medieneinheiten zur Theaterwissenschaft.

Veröffentlichungen des Archivs:
Zahlreiche Veröffentlichungen, darunter Herbert Slevogt, Theaterschätze im Hofgärtnerhaus. Das Delikatessengeschäft der Düsseldorfer Museen, in: Düsseldorfer Hefte 38 (1993) Nr. 22, S.10-15.

Geschichte des Archivs:
1938 als privates Theaterarchiv des Schauspielhauses von Gustav Lindemann gegründet und 1947 der Stadt geschenkt. Seit 1977 dokumentiert es die gesamte Düsseldorfer Theaterszene und wurde 1981 als Theatermuseum (Archiv-Bibliothek-Museum) eingerichtet. 1988 erfolgte der Umzug in das Hofgärtnerhaus.

Bestände:
Sammlungen von Fotos, Plakaten, Theaterzetteln, Programmheften, Bild- und Tonträgern, Handschriften, Presseausschnitten, Modellen, Kostümen, Marionetten, Papiertheaterbögen.

Heinrich - Heine - Institut / Archiv, Düsseldorf

Anschrift:
Bilkerstraße 14, 40213 Düsseldorf,
Tel. 0211/8995581, Fax 0211/8929044

Archivträger:
Stadt Düsseldorf

Leiter:
Dr. Joseph Kruse

Öffnungszeiten
Mo-Fr 10-16 Uhr.

Findhilfsmittel:
Beständeübersicht.

Bibliothek:
Präsenz- und Leihbibliothek mit ca. 45.000 Bänden zu Heinrich Heine, seine Zeit und Nachlaßbibliothek rheinischer Dichter.

Veröffentlichungen des Archivs:
Heine-Jahrbuch

Geschichte des Archivs:
Als Nachfolgeeinrichtung der Handschriftenabteilung der LStS Düsseldorf seit 1970 eine eigene Einrichtung mit zustädnigkeit für Heine, Heine-Zeit, Schumann und rheinische Literatur.

Bestände:
Nachlässe, Autographen und verschiedene andere Sammlungen.

Joseph Beuys Archiv, Düsseldorf

Anschrift:
Institut der Kunstakademie Düsseldorf, Neustraße 6 a, 47559 Kranenburg, Tel. 02826/5944 und 02826/5945, Fax 02826/8171

Archivträger:
Stiftung Museum Schloß Moyland-Sammlung van der Grinten-Joseph-Beuys-Archiv

Leiter:
Dr. Ron Manheim

Öffnungszeiten:
Mo-Fr 8-17 Uhr nach Vereinbarung.

Findhilfsmittel:
Karteien und EDV (im Aufbau).

Bibliothek:
Präsenzbibliothek zu Leben und Werk von Joseph Beuys mit ca. 2.000 Einheiten.

Veröffentlichungen des Archivs:
Schriftenreihe Schloß Moyland.

Geschichte des Archivs:
Die Gründung des Archivs erfolgte am 11. Juli

1990 und wurde auf Sammlungsbeständen von Joseph Beuys und der Brüder van der Grinten aufgebaut.

Bestände:
Korrespondenzen, Sammlungen von Zeitungsausschnitten, Drucksachen, Zeitungen, Photos, Manuskripten, AV-Medien, Werk- und Ausstellungsverzeichnisse.

Archiv des Jugendhauses Düsseldorf

Anschrift:
Postfach 32 05 20, 40420 Düsseldorf,
Carl-Mosterts-Platz 1, 40477 Düsseldorf

Archivträger:
Jugendhaus Düsseldorf e.V.

Leiter:
Bernd Börger

Öffnungszeiten:
Mo-Do 9-16 Uhr.

Findhilfsmittel:
Zugangs- und Bestandsverzeichnisse.

Bibliothek:
Präsenzbibliothek mit ca. 6.000 Bänden zur Jugend, Jugendbildung, Jugendarbeit, Jugendpolitik, Kirche, Katholizismus. Eine Dokumentationsstelle sammelt unselbständige Veröffentlichungen und graue Literatur.

Geschichte:
Das Jugendhaus Düsseldorf als Einrichtung für katholische Jugend und Jugendverbandsarbeit existiert seit 1908. Das erste Archiv wurde 1944 fast vollständig zerstört. Der Neuaufbau der Präsenzbibliothek erfolgte 1947-1967, 1968 wurde eine Dokumentationsstelle für kirchliche Jugendarbeit eingerichtet. 1972 wurden die Restbestände des alten Archivs der Kommission für Zeitgeschichte in Bonn zur Verfügung gestellt. Seit 1982 werden wieder Archivalien gesammelt.

Bestände:
Akten, Korrespondenzen, Versammlungsunterlagen und -protokolle, graue Literatur aller Art, Filme und Fotos, Material über Geschichte, Theorie und Praxis konfessioneller außerschulischer Jugendbildung.

Archiv der Kunstakademie Düsseldorf

Anschrift:
Eiskellerstraße 1, 40213 Düsseldorf,
Tel. 0211/1396471, Fax 0211/1396225

Archivträger:
Land Nordrhein-Westfalen

Leiterin:
Dr. Leach Dawn

Öffnungszeiten:
Mo-Mi 9-12 Uhr und nach Vereinbarung.

Findhilfsmittel:
Findbuch, Schülerkartei (1830-1895, 1945-), alte Repertorien und Inventare.

Bibliothek:
Nur Handapparat.

Veröffentlichungen des Archivs:
Publikationen in den Jahresheften Kunstakademie Düsseldorf.

Geschichte des Archivs:
Das Archiv der Kunstakademie wurde im Laufe des Jahres 1989 als zentrale Einrichtung etabliert und besteht v.a. aus ehemaligen Kunst- und Lehrsammlungen. Wichtige Materialien befinden sich im Hauptstaatsarchiv Düsseldorf. Der überwiegende Teil der Sammlungen befindet sich als Leihgabe im "Kunstmuseum Düsseldorf".

Bestände:
Ehemalige Lehrmittelsammlungen (Gips, Totenmasken, Medaillen, Zeichnungen und Grafiken), personenbezogene Archivalien zu Professoren und Studenten, Institutsbezogene Akten, Protokolle, Veröffentlichungen und Presseartikel zu Kunstsammlung und Ausstellungen, Künstlerische Erzeugnisse von Akademieangehörigen.

Künstlerinterview - Archiv, Düsseldorf

Anschrift:
Haus des deutschen Osten, Bismarckstraße 90, 40120 Düsseldorf, Tel. 0211/359581

Leiterin:
Barbara Hofmann

Universitätsarchiv Düsseldorf

Anschrift:
Universitätsplatz 1, 40225 Düsseldorf, Tel. 0211/3115215, Fax 0211/342229

Archivträger:
Heinrich-Heine-Universität Düsseldorf

Geschichte des Archivs:
Der Aufbau eines Archivs ist bisher nur in Erwägung gezogen und nicht realisiert.

Archiv für alternatives Schrifttum in Nordrhein - Westfalen, Duisburg

Anschrift:
Schwarzenberger Straße 147, 47226 Duisburg, Tel. 02065/74715, Fax 02065/74737

Archivträger:
Freier, gemeinnütziger und wissenschaftlichen Zwecken dienender Verein

Leiter:
Dr. Jürgen Bacia

Öffnungszeiten:
Mi 17-20 Uhr und nach Vereinbarung.

Findhilfsmittel:
Zeitschriften-Katalog (Zettel und EDV) mit Sachgruppen- und geograph. Register; Broschürenkatalog mit Index (EDV).

Bibliothek:
Präsenzbibliothek mit ca. 1.700 katalogisierte Periodika, ca. 3.000 Broschüren, Dokumentationen, 15.000 Flugblättern, Plakaten.

Geschichte des Archivs:
Das Archiv wurde im März 1985 als freier Verein gegründet. Das afas sammelt gedruckte Materialien von selbstorganisierten Gruppen und Initiativen aus dem politischen, sozialen oder kulturellen Bereich seit 1945. Aus Gründen der Arbeitskapazität liegt der Schwerpunkt auf der Zeit ab Ende der 50er und dem Anfang der 60er Jahre.

Bestände:
Handakten, Materialien aus Redaktionen, von Gruppen und Initiativen.

Archiv des Salomon - Ludwig - Steinheim - Institut, Duisburg

Anschrift:
Geibelstraße 41, 47057 Duisburg, Tel. 0203/370071 oder 370072, Fax 0203/373380

Leiter:
Prof. Dr. Claus E. Bärsch

Universitätsarchiv Duisburg

Anschrift:
Lotharstr. 65, 47048 Duisburg, Tel. 0203/3792158, Fax 0203/3792145

Archivträger:
Gerhard - Mercator - Universität - Gesamthochschule Duisburg

Leiter/in:
Sachgebiet 11 - Allgemeine Verwaltung

Geschichte des Archivs:
Anmerkung der Verfasser: Es handelt sich nur um eine Altregistratur ohne archivspezifische Betreuung.

Historischer Fundus der Fachhochschule Eberswalde

Anschrift:
Schicklerstraße 3-5, 16225 Eberswalde, Tel. 03334/657210

Archivträger:
Fachhochschule Eberswalde

Leiter:
Rainer Wudowenz

Öffnungszeiten:
Nach Vereinbarung.

Findhilfsmittel:
Findbücher und Karteien.

Veröffentlichungen des Archivs:
Broschüren-Reihe "Ausstellungen in der Alten Forstakademie Eberswalde" (1992 begonnen).

Geschichte des Archivs:
Mit Eröffnung der Fachhochschule Eberswalde am 01.04.1992, wurde auch das Archiv durch Zusammenfassung der historisch bedeutsamen Sachzeugen der forstlichen Lehr- und Forschungsstätten, Rückführungen und Neuerwerbungen gebildet. Seine Ursprünge gehen zurück auf Sammlungen der Forstakademie bzw. Forstlichen Hochschule Eberswalde aus dem 19. Jahrhundert sowie der Abt. Forstgeschichte des Instituts für Forstwissenschaften Eberswalde nach 1945.

Bestände:
Schriftgut aus forstlichen Lehr- und Forschungseinrichtungen Eberswaldes, aus Forstverwaltungen, Nachlässe, Bildersammlungen zu Personen, Waldbeständen, Gebäuden, Denkmälern aus Forst-, Jagd- und Holzwirtschaft des 19. und 20.Jahrhunderts, Sammlungen von Karten, Geräten, Maschinen und Modellen, insbesondere Handarbeitsgeräte der Forstwirtschaft und Fahrzeugmodelle ab etwa 1930, Zwei- und Einmann - Motorkettensägen.

Universitätsarchiv Eichstätt

Anschrift:
Ostenstr. 26, 85071 Eichstätt, Tel. 08421/930

Archivträger:
Katholische Universität Eichstätt

Leiter/in:
Universitätsbibliothek, Universitätsallee 1, Tel. 08421/93488

Öffnungszeiten:
Mo-Fr 8.30-17 Uhr, Lesesaal 8-20.30 Uhr.

Archiv des Kulturzentrums Ostpreußen, Ellingen

Anschrift:
Schloßstr. 9, 91792 Ellingen, Tel. 0941/86440

Archivträger:
Kulturzentrum Ostpreußen

Leiter:
Wolfgang Freyberg

Öffnungszeiten:
Mo-Do 8-12 und 14-17, Fr 8-12 Uhr.

Findhilfsmittel:
Bestandsverzeichnis, Karteien (alphabetisch nach Sachgruppen).

Bibliothek:
Präsenzbibliothek mit ca. 7.000 Bänden. Besonderes Sammelgebiet ist wissenschaftliche Literatur und Belletristik aus und über Ostpreußen. Graue Literatur ist in geringer Anzahl (weniger als 100 Exemplare) vorhanden.

Veröffentlichungen des Archivs:
Bisher gab es keine eigenen Publikationen, sondern nur im Rahmen der Veröffentlichungen des Kulturzentrums Ostpreußen.

Geschichte des Archivs:
1978 wurde vom Freistaat Bayern die Patenschaft über die Landsmannschaft Ostpreußen

übernommen und 1981 das Kulturzentrum Ostpreußen gegründet. Von 1988 bis 1993 erfolgte die Einrichtung des Archivs, das für alle nichtstaatlichen Archivalien der ehemaligen Provinz Ostpreußen zuständig.

Archiv der Pädagogischen Hochschule Erfurt - Mühlhausen

Anschrift:
Pädagogische Hochschule Erfurt-Mühlhausen, Postfach 307, Dezernat 1, 99006 Erfurt, Tel. 0361/7371028, Fax 0361/7371938

Archivträger:
Pädagogische Hochschule Erfurt-Mühlhausen

Leiterin:
Dorothea Krasznai

Öffnungszeiten:
Di, Do 9-12 Uhr.

Findhilfsmittel:
Aktenplan, Ablieferungslisten der aktenführenden Stellen, zentrale Bestandsnachweiskartei in numerischer Ordnung. Verwaltungsarchiv und Endarchiv in alphabetischer Ordnung.

Bibliothek:
Dauerleihe von Fachliteratur über Zentralbibliothek der Pädagogischen Hochschule, verschiedene Hochschulzeitungen und archivarische Fachzeitschriften.

Geschichte des Archivs:
Die Gründung erfolgte 1967 gemäß dem Beschluß des Ministeriums für Hoch- und Fachschulwesen der DDR als Verwaltungs- und Endarchiv.

Bestände:
Institut für Lehrerbildung und Institut für Unterstufenmethodik, die in die erziehungswissenschaftliche Fakultät, sowie Pädagogisches Institut Mühlhausen, das 1969 in die Pädagogischen Hochschule Erfurt - Mühlhausen einging.

Universitätsarchiv Erlangen - Nürnberg

Anschrift:
Schuhstr. 1a, 91052 Erlangen, Tel. 09131/853948 und 852367, Fax 09131/852-028 (Zentralinstut für Fränkische Landeskunde)

Archivträger:
Friedrich - Alexander - Universität Erlangen - Nürnberg

Leiter:
Prof. Dr. Alfred Wendehorst

Öffnungszeiten:
Mo 8-12, Mi 9-15 Uhr.

Findhilfsmittel:
Repertorienbände, Personalaktenverzeichnis auf Mikrofilm, handschriftliche Verzeichnisse, Zettelkästen, Promotionsbücher.

Bibliothek:
Nicht katalogisierte Bibliothek mit ca. 300 Bänden, vor allem Vorlesungs- und Personalstandsverzeichnisse, Sonderdrucke zur Universitätsgeschichte und zur Geschichte der studentischen Verbindungen.

Geschichte des Archivs:
Seit Mitte des 19. Jahrhunderts existiert ein Archiv und wurden Repertorien erstellt. Der neuere Aktenbestand ist lückenhaft.

Bestände:
Zentrale Universitätsverwaltung, Aktenbestände seit der Gründung der Universität und aus der Vorgeschichte, Stiftungsbrief, Schenkungsurkunde, Stiftungen und Institutionen, Corpus Universitatis, Studenten, Administrations- und Rechnungswesen, Dotationen und Gesamtvermögen, Allgemeiner Studentenausschuß (AStA), Pläne, Karten, Bilder, Fotos. Die Fakultäten bilden eigene Archive, die nicht mit dem Universitätsarchiv vereinigt sind.

Archiv der Ostdeutschen Theater, Esslingen

Anschrift:
Die Künstlergilde e.V. / Archiv der Ostdeutschen Theater, Hafenmarkt 2, 73728 Esslingen,
Tel. 0711/3969010, Fax 0711/39690123

Archivträger:
Die Künstlergilde e.V.

Leiter:
Tillmann Wigbert

Öffnungszeiten:
Nach Vereinbarung.

Findhilfsmittel:
Kataloge, EDV-Erschließung in Vorbereitung.

Bibliothek:
Präsenzbibliothek mit ca. 2.000 Bänden zum Theater.

Veröffentlichungen des Archivs:
Ausstellungskataloge.

Geschichte des Archivs:
Die Anfänge des Archivs begannen 1955 als Ausstellung "Das Antlitz des deutschen Theaters im Osten" und weiteten aus zu einer Dokumentation des künstlerisch - historischen Schaffens der zerstörten bzw. bestehenden 80 deutschsprachigen Bühnen in den östlichen Kulturlandschaften zu einer Institution aus.

Bestände:
Graphische Darstellungen zum Theater, Bühnenbildentwürfe, Figurinen, Künstlerporträts, Theaterzettel, Programmhefte, Rollenbücher, Szenenphotos, Plakate, Autographen, Abbildungen zur Geschichte der Theater und Opernhäuser etc.

Hans - Fallada - Archiv, Feldberg

Anschrift:
Eichholz 3, 17258 Feldberg,
Tel. 039831/20560, Fax 039831/20560

Archivträger:
Literaturzentrum Neubrandenburg e.V. / Stadt Neubrandenburg

Leiterin:
Sabine Lange

Öffnungszeiten:
Mo-Fr 8-12 und 13-16 Uhr.

Findhilfsmittel:
Findbücher und Karteien.

Bibliothek:
Präsenzbibliothek mit ca. 800 Bänden

Veröffentlichungen des Archivs:
Sabine Lange, Das Hans-Fallada-Archiv in Feldberg, Germanistik 4 (1988).

Bestände:
Nachlässe von Hans Fallada, Brigitte Reimann u.a. Schriftstellern der Region, Sammlungen von Filmdokumenten, Fotos, Rezensionen u.a.

Archiv der Fachhochschule Flensburg

Anschrift:
Kanzleistraße 91-93, Block B, 24943 Flensburg,
Tel. 0461/8051, Fax 0461/300

Albert - Schweitzer - Archiv und Museum, Frankfurt a.M.

Anschrift:
Neue Schlesingergasse 22-24, 60311 Frankfurt,
Tel.069/284951, Fax 069/2978525

Archivträger:
Deutscher Hilfsverein für das Albert-Schweitzer-Spital Lambarene Frankfurt a.M.

Leiterin:
Marlies Böhnert

Öffnungszeiten:
Mo-Fr 9-16 Uhr.

Findhilfsmittel:
Karteien.

Bibliothek:
Präsenz- und Leihbibliothek mit ca. 2.000 Bänden.

Veröffentlichungen des Archivs:
Halbjährlicher Rundbrief für alle Freunde.

Geschichte des Archivs:
Das Archiv wurde 1969 gegründet.

Bestände:
Urkunden und Akten, Filme, Fotos über Albert Schweitzer ab 1875.

Archiv des Deutschen Architektur - Museums, Frankfurt a.M.

Anschrift:
Archiv (Plan- und Modellsammlung) des Deutschen Architekturmuseums (DMA), Hedderichstraße 104-108, 60596 Frankfurt/M.,
Tel. 069/21230389, Fax 069/21237721

Archivträger:
Stadt Frankfurt/M.

Leiterin:
Dr. Evelyn Brockhoff

Öffnungszeiten:
Di-Do 13-17 und nach Vereinbarung.

Findhilfsmittel:
Findbücher, Karteien, Inventare.

Bibliothek:
Präsenzbibliothek mit ca. 10.000 Bänden zur Architekturgeschichte, Theorie, Architektenmonographien und Zeitschriften.

Veröffentlichungen des Archivs:
Jahrbuch des Deutschen Architekturmuseums.

Geschichte des Archivs:
Das Deutsche Archivtekturmuseum wurde 1979 gegründet. Parallel dazu wurde die Sammlung von Plänen, Zeichnungen und Modellen aufgebaut, gedacht als Auswahl von Projekten des 20. Jahrhunderts im internationalen Vergleich. Schwerpunkt der Sammlung ist Deutschland der letzten 100 Jahre. Angestrebt wird, von jedem bedeutenden Architekten wenigstens ein Projekt vollständig zu besitzen.

Bestände:
Architekturpläne und -zeichnungen, Modelle, Architekturfragmente, Möbel sowie andere Dokumente aus dem Bereich der Architektur, Nachlässe deutscher Architekten, Sammlungen von Photos, Dias, Videos und sonstiger Materialien zur Architekturgeschichte.

Deutsches Filmmuseum, Frankfurt a.M.

Anschrift:
Schaumainkai 41, 60596 Frankfurt/M.,
Tel. 069/21233369, Fax 069/21237881

Archivträger:
Stadt Frankfurt/Main

Leiter:
Prof. Schobert

Öffnungszeiten:
Nach Vereinbarung.

Bibliothek:
Präsenzbibliothek mit ca. 50.000 Bänden und ca. 350 Zeitschriften.

Veröffentlichungen des Archivs:
Schriftenreihe des Museums und Ausstellungskataloge.

Bestände:
Schriftgut, Verschiedene Nachlässe, Sammlungen von Filmen, Geräten, Fotos, Plakaten.

Archiv des Deutschen Postmuseum, Frankfurt a.M.

Anschrift:
Schaumainkai 53, 60596 Frankfurt/M., Tel. 069/60600, Fax 069/6060123

Archivträger:
Deutsche Bundespost Telekom (bis 31.12.1994)

Leiter:
Küster, Jürgen

Öffnungszeiten:
Mo-Do 8-16 Uhr, Fr 8-14.30 Uhr.

Findhilfsmittel:
Repertorium, Schlagwortkatalog, EDV im Aufbau.

Bibliothek:
Präsenzbibliothek mit ca 13.500 Bänden, 120 Zeitschriften zur Post- und Fernmeldegeschichte.

Veröffentlichungen des Archivs:
Neuerwerbungen in "Archiv für deutsche Postgeschichte".

Geschichte:
Das Deutsche Postmuseum in Frankfurt/M. führt die Tradition zweier Vorgängerinstitutionen - des Reichspostmuseums Berlin und des Bundespostmuseums Frankfurt - fort. Deren Ursprung ist auf die Initiative des Generalpostmeisters Heinrich von Stephan zurückzuführen, der am 24.08.1872 eine "Plan- und Modellkammer" einrichten ließ. Daraus entstand das Reichspostmuseum, das erste Postmuseum der Welt. Während des Zweiten Weltkriegs wurde es schwer beschädigt, ein Teil der Sammlungen nach Frankfurt verlagert. Sie bildeten die Basis des 1956 eingerichteten Bundespostmuseums, das 1995 in eine Stiftung übergeleitet wird.

Bestände:
Akten, Urkunden, Verträge, Formblätter und sonstiges Material zur Post- und Fernmeldegeschichte.

Archiv des Freien Deutschen Hochstifts, Frankfurt a.M.

Anschrift:
Großer Hirschgraben 23-25, 60311 Frankfurt/M, Tel. 069/282824 und 292884, Fax 069/293822

Archivträger:
Freies Deutsches Hochstift / Frankfurter Goethemuseum

Leiter:
Dr. Jürgen Behrens

Öffnungszeiten:
Mo-Fr 10-12 und 13-16 Uhr.

Findhilfsmittel:
Kartei in der Handschriftensammlung.

Bibliothek:
Präsenzbibliothek mit ca. 140.000 Bänden.

Geschichte des Archivs:
Die Handschriftenabteilung verwaltet das Archiv mit, das im Zweiten Weltkrieg große Verluste erlitt.

Bestände:
Mitgliedsakten sowie Sammlungen und Erwerbungen der Handschriftenabteilung.

Archiv des Jüdischen Museums, Frankfurt a.M.

Anschrift:
Untermainkai 14/15, 60311 Frankfurt, Tel. 069/21238546, Fax 069/21230705

Archivträger:
Stadt Frankfurt a.M.

Leiter:
Dr. Johannes Wachten / Herr Lenarz

Öffnungszeiten:
Nach Vereinbarung.

Findhilfsmittel:
Beständeübersicht, Karteien und Datenbanken.

Bibliothek:
Präsenzbibliothek mitca. 15.000 Bänden und umfangreicher grauer Literatur.

Geschichte des Archivs:
Keinzelle ist die Dokumentensammlung der 1961 gegründeten Kommission zur Erforschung der Geschichte der Frankfurter Juden unter ihrme lanjährigen Geschäftsführers Dr. Dietrich Andernacht, dem damaligen Direktor des Stadtarchivs Frankfurt a.M. Das Archiv bestand zunächst nur aus Unterlagen emigrierter Bürger Frankfurts. 1980 wurde das Jüdische Museum gegründet und der Sammlungsbereich zunächst auf Hessen, dann den ganzen deutschsprachigen Raum ausgedehnt. Seit 1988 stehen auch Mittel für Ankäufe bereit.

Bestände:
Schriftgut zur Geschichte der Juden in Frankfurt, Hessen und dem deutschsprachigen Raum, zu jüdischen Gemeinden in den Ostgebieten, insbesondere Schlesien und Westfalen. Mikrofilme der Personenstandsregister ehemaliger jüdischer Gemeinden, Nachlässe und umfangreiche Fotosammlungen.

Archiv der Hochschule für Bildende Kunst / Städelschule, Frankfurt a.M.

Anschrift:
Staatliche Hochschule für Bildende Künste, Dürerstr. 10, 60596 Frankfurt/M.,
Tel. 069/60500834, Fax 069/60500866

Archivträger:
Staatliche Hochschule für Bildende Künste

Leiter:
Deltev Ruß

Öffnungszeiten:
Di-Do 10-12 und 14-18, Fr 10-12 und 14-17, Sa 11-17 Uhr.

Findhilfsmittel:
Personenkatalog der Autoren und Künstler, Stich- und Schlagwortkatalog, Sachgebietskatalog, Signaturenschlüssel.

Bibliothek:
Leihbibliothek mit ca 15.000 Bänden. Benutzung nur für Angehörige der Hochschule. Sachgebiete: Kunst, Architektur, Philosophie.

Bestände:
Sammlungen von Zeitungsausschnitten zur Städelschule und deren Angehörigen.

Universitätsarchiv Frankfurt a.M.

Anschrift:
Senckenberganlage 31 (Postfach 111932), 60054 Frankfurt, Tel. 069/7982602, Fax 069/7988383

Archivträger:
Johann Wolfgang Goethe-Universität Frankfurt/M.

Leiter:
Prof. Dr. Notker Hammerstein

Öffnungszeiten:
Nach Vereinbarung.

Findhilfsmittel:
Die Bestände werden zur Zeit durch Karteien erschlossen.

Bibliothek:
Sammlung von gedruckten Publikationen der Universität, Amtsdrucksachen, Belegexemplaren; keine Dienstbibliothek im eigentlichen Sinn.

Geschichte des Archivs:
Das Archiv ist aus der Universitätsregistratur erwachsen und sammelt das Schriftgut der Hochschulverwaltung, der ehemaligen Fakultäten, der Fachbereiche, Seminare und Institute, Nachlässe von Hochschullehrern u.a.m und befindet sich noch im Aufbau. Die Beständeerschließung und Auskunftstätigkeit erfolgt seit einigen Jahren durch wissenschaftliche und studentische Mitarbeiter des Historischen Seminars.

Bestände:
Akten, Urkunden, Karten, Risse, Pläne, Fotos; Sammlungen von Flugblättern und kommentieren Vorlesungsverzeichnissen befinden sich im Aufbau.

Universitätsarchiv der Technischen Universität Bergakademie Freiberg

Anschrift:
Akademiestraße 6, 09596 Freiberg,
Tel. 03731/392738, Fax 03731/393634.

Leiter:
Hans Hofmann.

Archivträger:
Technische Universität Bergakademie Freiberg.

Öffnungszeiten:
Mo-Do 9-15.30 Uhr und nach Vereinbarung.

Findhilfsmittel:
Personen- und Sachkartei, Konzepte, Inhaltsverzeichnisse, Register, Professorendokumentation.

Bibliothek:
Handbibliothek 320 Bände, speziell historische Themen des Bergbau-, Hütten- und Hochschulwesens. Freiberger Forschungshefte "Bergakademie" und "Die Hochschulstadt".

Veröffentlichungen des Archivs:
Hans Hofmann, Beiträge zur Geschichte der Bergakadmie, in: Neue Bergbautechnik und Neue Hütte, Leipzig 12/90, Stahl und Eisen, Düsseldorf 2/91, Universität Passau 64/91. Regelmäßige Beiträge über Professoren und Einrichtungen der Bergakademie, in: "Die Hochschulstadt", "Freie Presse", 1988 - 1991. Hofmann / Zillmann, Polnische und nach Polen gegangene Absolventen der Bergakademie Freiberg, Freiberg 1979, Kleczkowski / Hofmann / Zillmann, Die Anfänge der Bergakademie Kielce, in: Museum der Erde 38 (1986), Hofmann, Beziehungen Bergakademie - USA, Freiberg 1992. Ders., "Universitätsarchiv", in: Sammlungen an der Bergakademie Freiberg, Freiberg 1993. Ders., Das Archiv der TU Bergakademie Freiberg, in: Faltblatt "Freiberger Archive", Freiberg 1993.

Geschichte des Archivs:
Die Bestände des Archiv der ältesten montanistischen Hochschule der Welt (gegründet 1765) belegen die Geschichte der Universität und die Entwicklung der angesiedelten Wissenschaften im gesellschaftlichen Umfeld des alten sächsischen Berg- und Hüttenwesens. Die schriftliche Überlieferung setzt im Jahre 1702 mit der "Stipendienkasse", einer Vorläufereinrichtung der Bergakademie, ein. Die Matrikelunterlagen aller Studenten sind erhalten. Erst im Jahre 1961 erhielt das Archiv ein eigenes Domizil im Verwaltungsgebäude der Universität. Bis dahin waren die Archivalien dezentral in der Verwaltung, Bibliothek und den Instituten abgelegt.

Bestände:
Aktenbestände, Fotosammlung und Sammlungen grauer Literatur.

Feministisches Archiv, Freiburg i.Br.

Anschrift:
Adlerstraße 12, 79098 Freiburg,
Tel. 0761/33676

Archivträger:
Feministisches Archiv e.V.

Öffnungszeiten:
Mo 16-20 Uhr und nach Vereinbarung.

Findhilfsmittel:
Karteien.

Bibliothek:
Präsenzbibliothek.

Veröffentlichungen des Archivs:
Halbjährliche Chronologie der Frauen.

Geschichte des Archivs:
1987 gegründet.

Bestände:
Sammlungen von Presseausschnitten, grauer Literatur und anderen Materialien zur Frauengeschichte in der Region Freiburg.

Deutsches Volksliedarchiv , Freiburg

Anschrift:
Silberbachstr. 13, 79100 Freiburg,
Tel. 0761/74465, Fax 0761/72076

Archivträger:
Land Baden-Württemberg

Leiter:
Prof. Dr. Otto Holzapfel

Öffnungszeiten:
Mo-Fr 9-12 und 14-17 Uhr, Sammlungen nur nach Vereinbarung.

Findhilfsmittel:
Karteikarten (z.T. auf EDV) nach den Melodietypen, Liedanfängen (zweizeilig), Stichworten, Einzelstrophen, Verfasser und Komponisten, topographische Angaben, Einsender und Vorsänger.

Bibliothek:
Präsenzbibliothek mit ca. 50.000 Bänden in fast allen europäischen Sprachen.

Veröffentlichungen des Archivs:
Jahrbuch für Volksliedforschung. Deutsche Volkslieder mit ihren Melodien. Balladen. Studien zur Volksliedforschung.

Geschichte:
Das Deutsche Volksliedarchiv wurde 1914 von dem Germanisten und Volkskundler Prof. Dr. John Meier gegründet, es ist heute die zentrale Sammel- und Dokumentationsstelle für den weiten Bereich des populären Liedes (mit Überschneidungen im Bereich Volksmusik, Volkstanz usw.) im deutschen Sprachraum.

Bestände:
Aufzeichnungen aus mündlicher Überlieferung seit etwa 1900 und Liedflugschriften. Zunehmend interessant werden Kontext-Informationen zum Lied und zum Singen. Ältere Drucke werden systematisch ausgewertet.

Landesstelle für Volkskunde, Freiburg

Anschrift:
Günterstalstr. 70, 79100 Freiburg,
Tel. 0761/7089198, Fax 7089199

Archivträger:
Badisches Landesmuseum Karlsruhe

Leiter:
Dr. Bernhard Oeschger

Öffnungszeiten:
Mo-Fr 9-13 Uhr und nach Vereinbarung.

Findhilfsmittel:
Kataloge, Inventarbücher, EDV.

Bibliothek:
Leihbibliothek zur Regional- und Kulturgeschichte Badens, sowie der Region mit ca. 20.000 Bänden und 130 Zeitschriften. Ferner ca. 10.000 Vereins- und Festschriften, Fremdenverkehrsprospekte, Gemeindeblätter.

Veröffentlichungen des Archivs:
Die beiden Landesstellen für Volkskunde in Freiburg und Stuttgart geben zusammen die Zeitschrift "Beiträge zur Volkskunde in Baden-Württemberg" und "Forschungen und Berichte zur Volkskunde in Baden-Württemberg" heraus.

Geschichte des Archivs:
Die Landesstelle für Volkskunde wurde 1948 durch den Freiburger Volkskundler Prof. Dr. Johannes Künzig gegründet und 1960 als Beratungs- und Forschungseinrichtung vom Land Baden-Württemberg übernommen. Verwaltungsmäßig ist die Landesstelle seit 1983 dem Badischen Landesmuseum in Karlsruhe angeschlossen. Zu den Aufgaben und Zielsetzungen der Einrichtung gehören die umfassende Beobachtung

und Dokumentation lokaler und regionaler Kulturmuster sowie die Archivierung volkskundlich und regionalgeschichtlich spezifischer Sammlungen und Nachlässe.

Bestände:
Zeitungsausschnittsammlungen, Sammlungen von Postkarten, Dias, Negativen, Papierbildern, Andachtsbildchen, Graphiken, Kalendern, Plakaten zur Kultur- und Landesgeschichte, Nachlässe, Erhebungsbögen der ersten volkskundlichen Befragung in Baden, Filme, Videos, Karten, Pläne, Tonträger, Sammlung von Flur- und Personennamen, Atlas der deutschen Volkskunde, Inventarisation der Grenzsteine usw.

Sonderaufgaben:
Betreuung des Keramikmuseums Staufen (Zweigmuseum des Badischen Landesmuseums).

Archiv für soziale Bewegungen in Baden, Freiburg

Anschrift:
Wilhelmstraße 15, 79098 Freiburg,
Tel. 0761/33362, Fax 0761/381414

Archivträger:
Verein zur Förderung autonomer Lebensformen

Leiter:
Volkmar Voigt

Öffnungszeiten:
Di und Mi 9-15, Do 9-18 Uhr.

Veröffentlichungen des Archivs:
Chronologie der grauen Literatur und Kassiber.

Bestände:
Sammlungen von Flugblättern, Fotos, Handzetteln, Transparenten u.ä. zu alternativen Gruppierungen, Friedensbewegung, Studentenbewegung, Kinder- und Jugendbewegung, sexuelle Emanzipationsbewegung, linken Gruppen seit 1969, Anti-AKW-Bewegung, Ökologie, Antifaschismus, Randgruppen, Asylpolitik, Hausbesetzergruppen u.v.a.

Universitätsarchiv Freiburg

Anschrift:
Besucheranschrift: Werthmannplatz 2 (Bibliotheksgebäude), 79098 Freiburg
Postanschrift: Postfach 1629, 79016 Freiburg,
Tel. 0761/2033832, Fax 0761/2033987

Archivträger:
Albert-Ludwigs-Universität Freiburg i.Br.

Leiter:
Dr. Dieter Speck

Öffnungszeiten:
Anmeldung, Beratung: Mo, Mi, Do 10-12 und Di, Do 14-16 Uhr.
Archivalienbenutzung im Sonderlesesaal der Universitätsbibliothek: Mo-Fr 8.30-12 und 13-16.30 Uhr.

Findhilfsmittel:
Findbücher, Ablieferungslisten und EDV.

Bibliothek:
Präsenzbibliothek mit ca. 1.000 Titeln zur Freiburger Universitätsgeschichte. Da das Archiv im Gebäude der Universitätsbibliothek untergebracht ist, können Benutzer dort mit einer optimalen bibliothekarischen Versorgung rechnen.

Veröffentlichungen des Archivs:
Friedrich Schaub, Geschichte des Archivs der Universität Freiburg i.Br., in: Abhandlungen aus dem Gebiete der mittleren und neueren Geschichte und ihrer Hilfswissenschaften. Eine Festgabe zum siebzigsten Geburtstag von Geheimrat Prof. Dr. Heinrich Finke, gewidmet von Schülern und Verehrern des In- und Auslandes, Münster 1925, S.466-499. Dieter Speck, Das Freiburger Universitätsarchiv und seine Geschichte, in: Freiburger Almanach 1995, S.53 - 58. Ders., Das Universitätsarchiv 1991-1994. Ein Resumee nach drei Jahren, in: Die Universitätsbibliothek Freiburg: Perspektiven in den neunziger Jahren, hersgegeben von Bärbel Schubel, Freiburg 1994, S.213-222. Eine ausführliche Archivgeschichte und eine Beständeübersicht werden zur Zeit für den Druck vorbereitet.

Geschichte des Archivs:
Das Archiv besteht seit 1462, doch folgten Verzeichnungen erstmals um 1600 und 1742. 1899 richtete die Universität eine Archivkommission aus Ordinarien ein unter der von 1914 bis 1956 Friedrich Schaub das Archiv betreute. Während dieser Zeit wurden die meisten Altbestände im Pertinenzprinzip aufgestellt. Danach wurde das Archiv bis 1980 von Prof. Dr. Wolfgang Müller als Senatsbeauftragtem, anschließend von Prof. Dr. Wolfgang Kehr, Bibliotheksdirektor, betreut. 1991 wurde das Archiv neu eingerichtet und 1992 als zentrale Einrichtung mit Zuständigkeit für die gesamte Universität einschließlich des Klinikums konstituiert.

Bestände:
Pertinenzbestände: Universitätsgründung, Privilegien, Senat, Rektor, Kanzler, Kuratoren, Briefbücher, Verhörprotokolle, Studienkonsess, Pedelle, Bibliothek, Archiv, Gebäude, Bursen, Kollegien, Institute, Finanz- und Rechnungswesen, Wirtschaftsverwaltung im Breisgau, Elsaß und Schwaben, Gerichtsbarkeit, Matrikel, Personalia, Karten, Pläne, Chroniken, vorderösterreichische Regierung Ensisheim, Studienstiftungsarchiv, Dominikanerkloster.
Provenienzgerechte Bestände: Rektorat, Senat, Dozentenbundführer, Entnazifizierungskommissionen, Studentensekretariat, Studium Generale, die Theologische, Juristische, Medizinische, Philosophische, Mathematisch - Naturwissenschaftliche Fakultät, die Fakultät für Biologie, Chemie, Physik, Forstwissenschaften, Geowissenschaften, Mathematik, Wirtschaftswissenschaften, Institute und Seminare, Klinikumsverwaltung (Sachakten), Chirurgische, Frauen-, Kinder-, Nervenklinik und Psychiatrie, Radiologie, Haut-, HNO-Klinik (Patienten- und Sachakten), Prüfungsausschüsse, ASTA, Propädeutische Abteilung, Studentenwerk, Ausbildungsförderungsamt (Honnef und Bafög), Vereine, Nachlässe, Vorlesungsmitschriften, Fotosammlungen zu Personen, Gebäuden und Ereignissen, Siegel, Wappen, Münzen, Orden, Instrumenten- und Präparatesammlungen sowie Bestandsergänzungen aus anderen Archiven.

Sonderaufgabe:
Verwaltung des Kunstinventars, der Memorabilien und Musealien.

Gesellschaft für Geschichte des Weines, Geisenheim

Anschrift:
Forschungsanstalt Geisenheim, Brentanostr. 9, 65366 Geisenheim, Tel. 06722/502261, Fax 06722/502260

Archivträger:
Forschungsanstalt Geisenheim

Leiterin:
Sabine Muth

Öffnungszeiten:
Mo-Do 10-16, Fr 10-12 Uhr.

Findhilfsmittel:
Alphabetischer Katalog, Schlagwortkatalog, Beständeübersicht.

Bibliothek:
Präsenzbibliothek mit ca. 1.200 Bänden.

Veröffentlichungen des Archivs:
Schriften zur Weingeschichte und Bibliographie der Gesellschaft für Geschichte des Weines.

Geschichte des Archivs:
Seit 1969 befindet es sich in den Räumen der Hauptbibliothek der Forschungsanstalt.

Bestände:
Sammlungen aus dem Themenbereich Wein und Weingeschichte, Briefmarken zum
Thema Wein und Trauben, Weinetikettensammlung. Die Sammlung Wein auf Münzen ist ausgeliehen an das Museum für Weinkultur in Deidesheim/Pfalz.

Universitätsarchiv Gießen

Anschrift:
Otto-Behaghel-Str. 8, 35394 Gießen,
Tel. 0641/7022163 oder 7022189, Fax der UB Gießen 0641/46406

Archivträger:
Justus-Liebig-Universität Gießen

Leiterin:
Dr. Eva Maria Felschow

Öffnungszeiten:
Mo, Di, Do 9-12.30 Uhr und 13-16, Mi 9-12 und 13.30-18, Fr 9-12 Uhr.

Findhilfsmittel:
Albrecht Eckhardt, Universitätsarchiv Gießen. Urkunden (1341-1727), Gießen 1976; Über die älteren Aktenbestände der zentralen Verwaltung und die Fakultätsbestände vor 1945 liegt ein Bestandsverzeichnis vor: Universitätsarchiv Gießen. Bestandsverzeichnis, zusammengestellt von Erwin Schmidt. Gießen 1969. Ferner Karteien und Ablieferungsverzeichnisse.

Bibliothek:
Das Archiv besitzt nur eine kleine Präsenzbibliothek mit ca. 200 Bänden. Weitere Nachschlagewerke und wissenschaftliche Publikationen stehen im Freihandbereich der Universitätsbibliothek zur Verfügung, in deren Gebäude das Universitätsarchiv untergebracht ist.

Veröffentlichungen des Archivs:
Berichte und Arbeiten aus der Universitätsbibliothek und dem Universitätsarchiv Gießen.

Geschichte des Archivs:
Die Urkunden und Akten der 1607 gegründeten Universität Gießen wurden in der Frühzeit vom Universitätssyndikus verwaltet. Einzelheiten über Betreuung und Unterbringung der Universitätsakten sind bis zum Ende des 19. Jahrhunderts nicht bekannt. 1906 erfolgte die Etablierung eines eigentlichen Universitätsarchivs, in dem zunächst die älteren Akten vor 1820 aufbewahrt wurden. Im Zweiten Weltkrieg ging ein Teil der älteren Überlieferung verloren. 1986 wurde das bislang von der Universitätsbibliothek beaufsichtigte Archiv der hauptamtlichen Leitung einer Facharchivarin unterstellt. Es wird seitdem als Teil der zentralen Verwaltung geführt. Das Archiv ist zuständig für den gesamten Hochschulbereich mit allen Verwaltungseinheiten, Instituten, Seminaren, Kliniken und wissenschaftlichen Einrichtungen.

Bestände:
Zentrale Universitätsverwaltung, Vogteirechnungen, Unterlagen zu Stiftungen und Stipendien, Personalakten, Matrikel, Theologische Fakultät, Juristische Fakultät, Medizinische Fakultät einschließlich der Veterinärmedizinischen und Philosophischen Fakultät, Prüfungs- und Promotionsakten aller Fakultäten und Fachbereiche, Bestände der Zentralen Universitätsverwaltung, Berufungsakten, Seminare, Institute, Nachlässe, Sammlungen von Bildern, Flugblättern und Plakaten.

Johann - Sebastian - Bach - Institut, Göttingen

Anschrift:
Dahlmannstr. 14, 37073 Göttingen,
Tel. 0551/55972, Fax 0551/46015

Archivträger:
Verein Johann-Sebastian-Bach-Institut e.V.

Leiter:
Dr. Martin Staehelin

Öffnungszeiten:
Nach Vereinbarung.

Findhilfsmittel:
Inventare.

Bibliothek:
Präsenzbibliothek mit ca. 2.900 Bänden zur Bachforschung.

Veröffentlichungen des Archivs:
Ausstellungskataloge und Bachausgabe.

Geschichte des Archivs:
Das Institut besteht seit 1951. Seine Aufgabe ist die Herausgabe der Neuen Bach-Ausgabe zusammen mit dem Bacharchiv Leipzig.

Bestände:
Filme, Fotos der Quellen zu Johann Sebastian Bach.

Universitätsarchiv Göttingen

Anschrift:
Goßlerstr. 12a, 37073 Göttingen (Postfach 3744), Tel. 0551/394323 oder 395309

Archivträger:
Georg-August-Universität Göttingen

Leiter:
Dr. Ulrich Hunger

Öffnungszeiten:
Mo-Fr 8-11.30 Uhr.

Findhilfsmittel:
Kurzgefaßtes Repertorium des Universitätsarchivs zu Göttingen. Bearb. von Götz von Selle, in: Max Arnim: Corpus Academicum Gottingense, Göttingen 1930, S.333-346. Findbücher zu einzelnen Beständen sind vorhanden.

Bibliothek:
Kleinstbibliothek von nicht verzeichneten Belegexemplaren, Anschaffungsetat nicht vorhanden.

Veröffentlichungen des Archivs:
Götz von Selle, Das Archiv der Universität Göttingen, in: Universitätsbund Göttingen. Mitteilungen 8, 1 (1926), S.17-21. Ders., Das Archiv der Universität Göttingen, in: Archivalische Zeitschrift 37 (1928), S.269-274. Ulrich Hunger, Das Universitätsarchiv: Gedächtnis der Georgia Augusta, in: Georgia Augusta 49 (November 1988), S.25-39.

Geschichte des Archivs:
Die Altregistratur der Universitätsverwaltung besteht seit 1772, als historisches Universitätsarchiv seit 1925. Erster Universitätsarchivar war Götz von Selle, der als Honorarprofessor das Archiv bis 1956 im Nebenamt leitete. Bis 1980 versah sein Nachfolger, Rechtshistoriker Prof. Dr. Wilhelm Ebel, nebenamtlich die Aufgaben des Universitätsarchivars. Erst 1986 wurde das Archiv hauptamtlich besetzt. Die Aktenbestände des Kuratoriums, Rektorats bzw. Prorektorats und der Fakultäten sind seit Gründung der Universität 1737 fast vollständig erhalten.

Bestände:
Kopial-, Amts- und Geschäftsbücher, Matrikel, Kuratorium, Neueres Kuratorium, Sekretariat (Prorektorat / Rektorat), Rektorat, Universitätsgericht, Theologische Fakultät, Juristische Fakultät, Medizinische Fakultät, Philosophische Fakultät, Mathematisch-Naturwissenschaftliche Fakultät, jeweils einschließlich akademischer Prüfungsvorgänge und -arbeiten, Kirchendeputation, Professorenwitwen- und Waisenkasse, Waisenhaus der Theologischen Fakultät, Hochschule für Sozialwissenschaften Wilhelmshaven-Rüstersiel, Fotos, Ehrenurkunden in einer Sammlung zur Universitätsgeschichte, Nachlässe und Briefsammlungen in der Niedersächsischen Staats- und Universitätsbibliothek. Akademie der Wissenschaften und Universitätsbund bilden eigene Archive.

Universitätsarchiv Greifswald

Anschrift
Domstr. 11, 4.Eingang, 17489 Greifswald, Tel. 03834/63203

Archivträger:
Ernst-Moritz-Arndt-Universität Greifswald

Leiter:
Manfred Herling

Archiv des Siebenbürgen - Instituts, Gundelsheim / Neckar

Anschrift:
Schloß Horneck, 74831 Gundelsheim / Neckar, Tel. 06269/8476, Fax 06296/8397

Archivträger:
Arbeitskreis für Siebenbürgische Landeskunde (zugleich Leitung), Hilfskommittee der Siebenbürger Sachsen, Landsmannschaft der Siebenbürger Sachsen

Leiter:
Dr. Harald Roth

Öffnungszeiten:
Mo, Di, Do, Fr 9-12 und 14-17 Uhr.

Findhilfsmittel:
Findbücher und Karteien.

Veröffentlichungen des Archivs:
Mitteilungen aus dem Siebenbürgen-Institut.

Geschichte des Archivs:
1955 Gründung der Siebenbürgischen Bibliothek, die seit 1963 auf Schloß Horneck zur Übernahme der Archive der siebenbürgisch-sächsischen Institutionen in Deutschland eingerichtet wurde.

Bestände:
Archive der siebenbürgisch-sächsischen Institutionen in Deutschland, Nachlässe, Einrichtung von Sammlungen Kunst, Musik, Genealogie, Persönlichkeiten und Orte, Foto- und Schallarchiv, Karten, Pläne, Ansichtskarten sowie künstlerische Darstellungen.

Universitätsarchiv der Fernuniversität - Gesamthochschule, Hagen

Anschrift:
Feithstraße 140, 58084 Hagen,
Tel. 02331/98701, Fax 02331/987313

Archiv der Deutschen Akademie der Naturforscher Leopoldina, Halle

Anschrift:
Deutsche Akademie der Naturforscher Leopoldina, Emil-Abderhalden-Str. 37, 06108 Halle (Saale), Tel. 0345/36522, Fax 0345/2021727

Archivträger:
Deutsche Akademie der Naturforscher Leopoldina in Halle

Leiterin:
Erna Lämmel

Öffnungszeiten:
Mo-Fr 8-16 Uhr.

Findhilfsmittel:
Repertorien, Personenindex, Karteien, spezielle Findhilfsmittel.

Bibliothek:
Präsenz- und Leihbibliothek, 250.000 Bände zu Naturwissenschaften, Medizin sowie Geschichte der Naturwissenschaften.

Veröffentlichungen der Akademie:
Nova Acta Leopoldina. Acta historica Leopoldina. Jahrbuch. Mitgliederverzeichnis. Informationen.

Geschichte des Archivs:
Seit der Gründung der Akademie 1652 wurde biographisches Material zu den Mitgliedern gesammelt, zuerst als Eintrag in das jeweilige Matrikel-Buch aufgenommen, später wurden sogenannte Matrikel-Mappen angelegt. Darüber hinaus ist Sammlungsgut zur Geschäftsführung und Geschichte der Akademie vorhanden. Eine gewisse Eigenständigkeit erhielt das Archiv erst in den dreißiger Jahren des 20. Jahrhunderts. Nach der Auslagerung des Materials 1943 traten Verluste bei der Rückführung auf. Seit 1990 wurde computergestützt mit der Erschließung der Bestände begonnen.

Bestände:
Briefe, Akten, Urkunden, Porträtsammlungen, Sonderdruck-Sammlung zur Geschichte der Naturwissenschaften und der Medizin.

Hochschularchiv Burg Giebichenstein (Burg-Archiv), Halle

Anschrift:
Postanschrift: Postfach 200252, 06003 Halle/S., Fax 0345/7751569;
Besucheranschrift: Große Brunnenstraße 16, 06114 Halle/S., Tel. 0345/2028009

Archivträger:
Burg Giebichenstein - Hochschule für Kunst und Design Halle

Leiterin:
Dr. Angela Dolgner

Öffnungszeiten:
Nach Vereinbarung.

Findhilfsmittel:
Bestandsübersicht, Findbuch für Bestand 1933-1945, Karteien, teilweise EDV-Erfassung für Bildbestand.

Bibliothek:
Präsenzbibliothek mit ca. 500 Bänden zu Architektur, Design, Fotografie, Kunst, Kunsthandwerk und Schulgeschichte. 3.500 Kunstgeschichtliche Diplomarbeiten und Dissertationen.

Veröffentlichungen:
R. Pillep, Burg Giebichenstein, Dokumente aus der Ära Paul Thiersch und Gerhard Marcks von 1915 bis 1933, Halle 1990. Mehrere Titel unter Mitarbeit des Archivs: 75 Jahre Burg Giebichenstein 1915-1990, Beiträge zur Geschichte, ausgewählt und eingeleitet von R. Luckner-Bien, Halle 1990. Burg Giebichenstein, Die Hallesche Kunstschule von den Anfängen bis zur Gegenwart, Halle und Karlsruhe 1993.

Geschichte:
1958 begann Professor Wilhelm Nauhaus mit dem Aufbau des Archivs. Seine Sammlung, die vorrangig die Zeit zwischen 1915 und 1933 dokumentiert, gelangte in den 70er Jahren in das Stadtarchiv, wo sie sich noch heute befindet. 1959 wurden außerdem ein Fotoarchiv, eine Dokumentation der jeweils neuesten Gestaltungs- und Studienaufgaben angelegt. Einige Fachbereiche richteten ihr eigenes Archiv ein. Das heutige Hochschularchiv existiert erst seit 1984. Nach zögerlichen Anfängen wurden zahlreiche Akten, Dokumente, Drucke, Fotos u.a. gesichert. Die 1959 angelegte Fotosammlung und ein Großteil der dezentral gelagerten Archivbestände wurden inzwischen übernommen.

Bestände:
Verwaltungsakten, Fachbereiche, Lehrmaterialien und Unterrichtsaufzeichnungen, Forschungsunterlagen und Verträge, gesellschaftliche Gremien (FDJ, DSF, FDGB etc.), hochschuleigene Betriebe, Personalakten, Studentenakten, Einschreibbücher, Studentenkarteien, Schulprogramme, Lehrprogramme, Vorlesungsverzeichnisse, Strukturpläne, Fotos und Reproduktionen, Kleinbilddias, Negative, Filme, Künstler - Dossiers (Lehrer und Schüler), Autographen, Zeitungsausschnitte, Plakate, Dokumentationen zu Ausstellungen, Werkstätten und Fachgebieten, Künstlerfesten, Wettbewerben, Gebäuden der Schule, Amtsdrucksachen und graue Literatur.

Archiv der Franckeschen Stiftungen, Halle

Anschrift:
Franckeplatz 1 Haus 46, 06110 Halle,
Tel. 0345/502247, Fax 0345/502242

Archivträger:
Franckesche Stiftungen zu Halle/Saale

Leiter:
Dr. Thomas Müller

Öffnungszeiten:
Mo-Fr 8-16 Uhr.

Findhilfsmittel:
Findbücher und Karteien.

Bibliothek:
Präsenzbibliothek mit ca. 100.000 Bänden zum Pietismus im 17. und 18.Jahrhundert.

Geschichte des Archivs:
Das Archiv besteht seit Ende des 17.Jahrhundert.

Bestände:
Korrespondenz von August Hermann Francke und Nachlässe von Persönlichkeiten im Umfeld der Stiftungen, Missionsarchiv von Indien und Amerikaabteilung mit Akten aus der überseeischen Diaspora, Verwaltungs- und Wirtschaftsarchiv der Stiftung und schulischer Einrichtungen innerhalb der Stiftungen.

Universitätsarchiv Halle - Wittenberg

Anschrift:
Martin - Luther - Universität Halle - Wittenberg, Weidenplan 12, 06108 Halle (Saale),
Tel. 0345/832506, Fax 0345/29515

Archivträger:
Martin-Luther-Universität

Leiter:
Dr. Speler und R. Haasenbruch

Öffnungszeiten:
Mo, Di, Do, 8-16, Fr 8-12 Uhr.

Findhilfsmittel:
Repertorien, Findbücher, Karteien.

Bibliothek:
Präsenzbibliothek mit ca. 4.500 Bänden zur Geschichte der Universitäten Wittenberg und Halle, allgemeine Hochschul- und Regionalgeschichte.

Geschichte des Archivs:
Das Archiv wurde 1947 eingerichtet und konzentrierte sich zunächst auf die Zusammenfassung und Erschließung der Teilarchive und Altregistraturen, die traditionell vom Rektorat, Kuratorium und den Fakultäten verwaltet wurden. Seit 1964 wurde es dem Archiv räumlich und personell möglich, auch als Verwaltungsarchiv zu fungieren. Seit 1993 werden nicht nur die Archivalien der Universität Wittenberg und Halle verwahrt, sondern auch die Archive der aufgelösten Technischen Hochschule Leuna-Merseburg, der Pädagogischen Hochschule Halle sowie mehrerer Institute für Lehrerbildung.

Bestände:
Universität Wittenberg, Wittenberger Stiftungen, Rektorat der Universtität Halle und Halle-Wittenberg, Universitätsrichter, Kurator, Philosophische, Juristische, Theologische, Medizinische, Mathematisch-Naturwissenschaftliche und Landwirtschaftliche Fakultät, Arbeiter und Bauern-Fakultät, Bauverwaltung, Personal-, Studenten- und Prüfungsakten, Matrikel, Thüringisch-Sächsischer Geschichtsverein, aufgelöste Technische Hochschule Leuna, Pädagogische Hochschule Halle-Köthen und Institute für Lehrerbildung Halle, Weißenfels und Quedlinburg.

Archiv der Akademie der Künste, Hamburg

Anschrift:
Klosterwall 23, 20095 Hamburg,
Tel. 040/324632, Fax 040/326929

Architekturarchiv Hamburg

Anschrift:
Bramfelder Straße 138, 22305 Hamburg,
Tel. 040/6913836, Fax 040/6913823

Archivträger:
Hamburger Architektenkammer

Leiter:
Norbert Baues

Öffnungszeiten:
Di-Do 10-12.30 Uhr, 13.30-19 Uhr, Fr 10-12.30 Uhr.

Findhilfsmittel:
Beständeübersicht und Findbücher (EDV).

Bibliothek:
Präsenzbibliothek mit ca. 5.500 Bänden und Fachzeitschriften.

Veröffentlichungen des Archivs:
Schriftenreihe des Hamburgischen Architekturarchivs.

Geschichte:
Gründung 1984 mit Hauptsammelschwerpunkt Architektur des 20. Jahrhunderts im Norddeutschen Raum.

Bestände:
Akten, Karten, Risse, Pläne, Filme, Fotos, Zeichnungen, Architektur-Nachlässe.

Archiv der Großloge A.F. und A.M.v.D, Hamburg

Anschrift:
Welckerstraße 8, 20354 Hamburg,
Tel. 040/344267

Archivträger:
Großloge A.F. und A.M.v.D. in den Vereinigten Großlogen von Deutschland, Distriktsloge Hamburg

Leiter:
Der jeweilige Distriktsmeister

Öffnungszeiten:
Do 18-19.30 Uhr und nach Vereinbarung

Geschichte:
Die erste deutsche Loge wurde 1737 in Hamburg gegründet, in der seitdem die Bestände aufbewahrt werden.

Bestände:
Urkunden, Bücher, Protokolle und Presseausschnittsammlung zur Freimaurerei.

Archiv Hamburger Künstler von 1900-1950, Hamburg

Anschrift:
Dorotheenstraße 23, 22301 Hamburg,
Tel. 040/272520

Archivträger:
Carl Walter Kottnik

Öffnungszeiten:
Nach Vereinbarung.

Findhilfsmittel:
Personenindex.

Geschichte des Archivs:
1986 gegründet.

Bestände:
Gesprächsprotokolle, Korrespondenzen, Akten von verschiedenen Künstlergruppen, Nachlässe, Sammlungen von Presseausschnitten, Flugblättern und Materialien zur KPD.

Archiv der Hamburgischen Staatsoper

Anschrift:
Große Theaterstraße 34, 20354 Hamburg,
Tel. 040/3568 307, Fax 040/3568399

Archivträger:
Hamburgische Staatsoper GmbH

Leiterin:
Imke Lübbers

Öffnungszeiten:
Nach Vereinbarung.

Findhilfsmittel:
Werkkartei, Sänger-, Dirigenten-, Bühnenbildner-, Komponistenkartei, alle seit 1978.

Bibliothek:
Kleiner Fachbuchbestand mit Schwerpunkt Oper, teilweise Ballett und Konzert.

Veröffentlichungen des Archivs:
Jahrbücher der Oper und Opernzeitung "Auftakt".

Geschichte des Archivs:
Im Laufe der 300jährigen Geschichte der Hamburger Oper wurden mehrere Versuche unternommen, an zentraler Stelle Material - v.a. Partituren und Textbücher - zu archivieren. Große Verluste und Kriegsschäden ließen nur wenig Schriftgut übrig, bis 1947 mit dem Aufbau des Archivs begonnen wurde. Ein Teil des Archivbestands wurde in den 70er Jahren an die Theatersammlung der Freien und Hansestadt Hamburg abgegeben.

Bestände:
Intendanz, künstlerisches Betriebsbüro, Sammlungen von Programmheften, Theaterzetteln, Aufführungsstatistiken, Fotos, Plakaten, Presseausschnitten, sowie weitere Materialien, die die Arbeit der Staatsoper dokumentieren.

Archiv der Hamburgischen Wissenschaftlichen Stiftung

Anschrift:
Flemingstraße 10, 22299 Hamburg,
Tel. 040/472725

Leiterin:
Leonore Seifert

Hamburgisches Volksliedarchiv

Anschrift:
Holstenwall 24, 20355 Hamburg,
Tel. 040/35042368

Archivträger:
Museum für Hamburgische Geschichte

Leiter:
Helmut Glagla

Öffnungszeiten:
Nach Vereinbarung.

Findhilfsmittel:
Kartei.

Bibliothek:
Eine Bibliothek ist im Museum für Hamburgische Geschichte vorhanden.

Veröffentlichungen des Archivs:
Karl Veit Riedel, Das Hamburgische Volksliedarchiv, in: Beiträge zur deutschen Volks- und Altertumskunde 7 (1963), S.103ff.

Geschichte des Archivs:
Grundstock ist die Sammlung des Senators Paul Neumann, der sich nach 1933 nur noch der Liedgutsammlung widmete. 1961 kam die Sammlung an das Museum für Hamburgische Geschichte.

Bestände:
Liedgut, Liedblattdrucke, Bänkellieder Heftchen und sonstige Liedüberlieferungen.

Archiv des Instituts für die Geschichte der deutschen Juden, Hamburg

Anschrift:
Rothenbaumchaussee 7, 20248 Hamburg,
Tel. 040/41232617 und 41232618

Archivträger:
Institut für die Geschichte der deutschen Juden

Leiter:
Prof. Dr. Peter Freimark

Öffnungszeiten:
Nach Vereinbarung.

Findhilfsmittel:
Karteien.

Archivgeschichte:
Das Institut mit Archiv wurde 1966 eingerichtet.

Bestände:
Urkunden, Akten, Korrespondenzen seit dem

17.Jahrhundert, Presseausschnittsammlungen, Fotos, Zeichnungen, Teilnachlässe und Materialien zur Geschichte der deutschen Juden.

Körber - Archiv, Hamburg

Anschrift:
Kampchaussee 10, 21033 Hamburg,
Tel. 040/72502752, Fax 040/72503723

Archivträger:
Körber-Stiftung

Leiterin:
Dr. Constanze Kienast

Öffnungszeiten:
Mo-Fr 10-15 Uhr und nach Vereinbarung.

Findhilfsmittel:
Eingangsverzeichnisseund Beständeübersicht und Findbücher in Vorbereitung.

Bibliothek:
Präsenzbibliothek, Werkzeitschrift (Hauni - Glocken), Protokolle des Bergedorfer Gesprächs-kreises, Schriften Dr. Körbers (einschließlich Autobiographie): Das Profitprogramm. Ein Unternehmer geht stiften und andere Schriften zu wirtschafts- und sozialpolitischen Themen.

Veröffentlichungen des Archivs:
Bislang nur in Werkzeitschrift.

Geschichte des Archivs:
Die Gründung erfolgte am 1.1.1994 als Archiv der Körber-Stiftung, Körber AG und des Nachlasses Dr. Körber.

Bestände:
Akten, Urkunden, Filme, Fotos, Zeichnungen, Werbematerial, Zeitungsausschnitte.

Sonderaufgabe:
Führung des Kunstinventars.

Archiv des Kunstvereins Hamburg

Anschrift:
An der Kunsthalle, 20099 Hamburg,
Tel. 040/327845

Archivträger:
Kunstverein Hamburg

Öffnungszeiten:
Nach Vereinbarung.

Findhilfsmittel:
Systematik.

Geschichte des Archivs:
Der Kunstverein wurde 1817 gegründet und pflegt seit dem seine Überlieferung.

Bestände:
Protokolle, Geschäftsbücher, Jahresberichte, Korrespondenz, Fotos, Pressesausschnittsammlungen u.v.a.

Archiv für Sozial- und Zeitgeschichte, Hamburg

Anschrift:
Rentzelstraße 7, 20146 Hamburg,
Tel. 040/41235532

Archivträger:
Forschungsstelle für die Geschichte des Nationalsozialismus/Hamburger Bibliothek für Sozialgeschichte und Arbeiterbewegung

Leiterin:
Dr. Ursula Büttner

Öffnungszeiten:
Mo-Do 8.30-17 und Fr 8.30-14 Uhr.

Findhilfsmittel:
Systematik und Dezimalklassifikation.

Bibliothek:
Bibliothek mit ca 40.000 Bänden vorhanden.

Veröffentlichungen des Archivs:
Hamb. Beiträge zur Sozial- und Zeitgeschichte.

Geschichte des Archivs:
Mit den beiden Institutionen 1960 bzw. 1966 entstanden.

Bestände:
Schriftgut der Trägerorganisationen, Nachlässe, Flugblätter, verschiedene Sammlungen zu Nationalsozialismus und Sozialgeschichte, Ersatzüberlieferungen aus anderen Archiven.

Universitätsarchiv Hamburg

Anschrift:
Staatsarchiv Hamburg, ABC-Str. 19 A, 20354 Hamburg, Tel. 040/36811834

Archivträger:
Universität Hamburg

Leiter:
Dr. Hans Wilhelm Eckhardt

Öffnungszeiten:
Mo-Fr 9-16 Uhr.

Hermann - Löns - Archiv, Hannover

Anschrift:
Hildesheimer Straße 29, 30169 Hannover, Tel. 0511/1684437, Fax 0511/1685700

Archivträger:
Stadt Hannover

Leiterin:
Barbara Erdmann

Öffnungszeiten:
Nach Vereinbarung.

Findhilfsmittel:
Bestandsverzeichnis 1986, Nachtrag 1987.

Bibliothek:
Präsenzbibliothek.

Bestände:
Handschriften, Bücher, Zeitungsartikel, -ausschnitte, AV-Medien etc.

Schwitters - Archiv, Hannover

Anschrift:
Hildesheimer Straße 29, 30169 Hannover, Tel. 0511/1684437, Fax 0511/1685700

Archivträger:
Stadt Hannover

Leiterin:
Maria Haldenwanger

Öffnungszeiten:
Nach Vereinbarung.

Findhilfsmittel:
Bestandsverzeichnis 1986, Nachtrag 1987.

Bibliothek:
Präsenzbibliothek.

Veröffentlichungen des Archivs:
Schwitters Almanach 1982.

Geschichte:
1969 in Absprache mit Landesmuseum / Landesgalerie eingerichtet. Die Landesgalerie (heute Sprengelmuseum) sammelt das bildnerische Werk, die Stadtbibliothek/Schwitters-Archiv das literarische Werk von Kurt Schwitters, der in Hannover 1887 geboren ist.

Bestände:
Handschriften, Bücher, Zeitungsartikel, -ausschnitte, AV-Medien etc.

Universitätsarchiv Hannover

Anschrift:
Universitätsarchiv Hannover, Universitätsbibliothek und Technische Informationsbibliothek (TIB), Welfengarten 1 B, 30167 Hannover, Tel. 0511/7624881, Fax 0511/715936

Archivträger:
Universität Hannover

Leiterin:
Dr. Rita Seidel

Öffnungszeiten:
Nach Vereinbarung.

Veröffentlichungen des Archivs:
Die Matrikel der Höheren Gewerbeschule, der Polytechnischen Schule und Technischen Hochschule zu Hannover, bearb. von Herbert Mundhenke, Bd. 1, Hildesheim 1988, Bd. 2, Hannover 1991, Bd. 3, Hannover 1992. Catalogus professorum 1831-1981, Festschrift zum 150jährigen Bestehen der Universität Hannover, Bd. 2, bearb. von Rita Seidel, Stuttgart, Berlin, Köln 1981.

Geschichte:
Das Universitätsarchiv Hannover wurde 1986 gegründet und ist bei der Universitätsbibliothek Hannover und Technischen Informationsbibliothek angesiedelt. Ein Teil des Aktenbestandes wird als Depositum der Universität Hannover im Niedersächsischen Hauptstaatsarchiv Hannover verwahrt.

Bestände:
Akten zur Geschichte der Universität Hannover und ihrer Vorläufereinrichtungen seit 1831. Vorlesungsverzeichnisse, Festschriften, Jahrbücher, Fotos u.ä., Professorennachlässe.

Festschriftenarchiv für den deutschsprachigen Raum, Haren

Anschrift:
Marienstraße 30, 49733 Haren (Ems),
Tel. 05934/623

Archivträger:
Wolfgang Kloppenburg

Leiter:
Wolfgang Kloppenburg

Öffnungszeiten:
Nach Vereinbarung.

Findhilfsmittel:
Kartei, Findbücher, EDV.

Bibliothek:
Präsenzbibliothek mit ca. 60.000 Einheiten.

Geschichte des Archivs:
Das Archiv wurde 1968 gegründet.

Bestände:
Sammlung größtenteils grauer Literatur, Fest- und Jubiläumsschriften, Geschäftsberichte.

Universitätsarchiv Heidelberg

Anschrift:
Friedrich-Ebert-Platz 2, 69117 Heidelberg,
Tel. 06221/547542

Archivträger:
Ruprecht-Karls-Universität Heidelberg

Leiter:
Dr. Christian Renger † / NN

Öffnungszeiten:
Mo-Fr 9-12 Uhr und nach Vereinbarung.

Findhilfsmittel:
Findbücher, Karteien, EDV-Verzeichnisse.

Bibliothek:
Präsenzbibliothek mit ca. 3.000 Bänden mit Schwerpunkt Universitätsgeschichte.

Veröffentlichungen des Archivs:
H. Krabusch, Das Archiv der Universität Heidelberg, Geschichte und Bedeutung, in: Heidelberger Jahrbücher 3 (1959), S.15-47.

Geschichte des Archivs:
Das Archiv besteht seit den Anfängen der Universität stets in enger Bindung zu Rektor und Senat bzw. den einzelnen Fakultäten und untersteht seit 1604 der Verantwortung des Syndicus. 1845 wurden die Akten vereinigt und der Universitätsbibliothek einverleibt, die sie analog zu den Handschriftenbeständen nach bibliothekarischen Grundsätzen verzeichnete. Erst 1952 wurde das Archiv wieder herausgelöst und neben-

amtlich geleitet. 1964 erhielt es einen hauptamtlichen Leiter, bescheidene Sachmittel und 1974 Magazinraum für 1.500 lfd m, der längst nicht mehr zur Aufnahme von Altregistraturen ausreicht. Verluste sind durch Flüchtungen im 17.Jahrhundert zu beklagen. Jüngere Schäden sind 1945 nachweisbar, sie betreffen aber fast ausschließlich Registraturgut, das noch nicht ins Archiv gelangt war. Zuständigkeit und Benutzung werden durch Statuten geregelt, die seit 1993 dem baden-württembergischen Landesarchivgesetz angepaßt sind.

Bestände:
Urkunden zur Verwaltung des Stiftungsfonds aus ehemaligem Klosterbesitz mit Vorakten aus Klosterbesitz, Amtsbücher des Rektors, Matrikelbände, Annalen, Statuten, Quästurakten zur Verwaltung des Stiftungsfonds, Senatsprotokolle, Senatsausschüsse, Personalakten, Rechnungswesen, Polizei- und Streitsachen, Disziplinargericht, Bauakten, Matrikelbögen, Belegbögen, Hörgeldabrechnung, Fakultäten, Promotionen, Habilitationen, Lehre und Forschung, Berufungen, Verwaltungsakten und Krankenblätter des Klinikums, Institutsbestände mit Dienstkorrespondenz, Lehrbetrieb, Forschung und Lehre, Drittmittelbeschaffung und Personalakten, Universitätsbibliothek, Akademisches Auslandsamt, Studentenwerk, Allgemeiner Studentenausschuß (AStA), Vereinigung der Freunde der Studentenschaft der Universität Heidelberg e.V., Nachlässe und Teilnachlässe, Bildersammlungen von Professoren und Studenten, Verbänden, Feiern, Gebäuden, Sammlungen von Flugblättern, Studentenzeitungen, Periodica der Fachschaften u.a.

Zentralarchiv zur Erforschung der Geschichte der Juden in Deutschland, Heidelberg

Anschrift:
Bienenstr. 5, 69117 Heidelberg,
Tel. 06221/164141, Fax 06221/181049

Archivträger:
Zentralrat der Juden in Deutschland

Leiter:
Dr. Peter Honigmann

Öffnungszeiten:
Mo-Do 14-16 Uhr und nach Vereinbarung.

Findhilfsmittel:
Beständeübersicht, Eingangsverzeichnisse, Findbücher.

Bibliothek:
Präsenzbibliothek mit ca. 1.700 Bänden, neben allgemeinen historischen und bibliographischen Nachschlagewerken in erster Linie Veröffentlichungen zur jüdischen Nachkriegsgeschichte in Deutschland und zur jüdischen Lokalgeschichte. Sammlung jüdischer Mitteilungsblätter, darunter vor allem periodisch erscheinende Publikationen, die in der Bundesrepublik von jüdischen Gruppen oder Organisationen herausgegeben werden.

Geschichte des Archivs:
Gründung des Archivs 1987 durch den Zentralrat der Juden in Deutschland. Das Heidelberger Zentralarchiv knüpft in seiner Konzeption an das Gesamtarchiv der deutschen Juden an, das 1905-1939 in Berlin bestand. Hauptanliegen ist die Aufbewahrung und Erschließung von historisch wertvollem Schriftgut jüdischer Gemeinden, Verbände, Organisationen und Personen.

Bestände:
Zentralrat der Juden in Deutschland, Zentralwohlfahrtsstelle der Juden in Deutschland, Jüdische Studentenverbände (Bundesverband und Landesverbände), Landesverband der Jüdischen Gemeinden von Niedersachsen, Jüdische Gemeinde zu Berlin, Jüdische Gemeinde Frankfurt, Jüdische Kultusgemeinde Heidelberg, Jüdische Gemeinde Wiesbaden, Nachlässe und Materialien von jüdischen Autoren, Dokumentation jüdischer Grabinschriften und Fotos jüdischer Grabsteine in Baden-Württemberg und Niedersachsen.

Universitätsarchiv Hohenheim

Anschrift:
70593 Stuttgart, Tel. 0711/4592219,
Fax 0711/4593803

Archivträger:
Universität Hohenheim

Leiter:
Dr. U. Fellmeth

Öffnungszeiten:
Mo-Fr 9-13 Uhr.

Findhilfsmittel:
Beständeübersicht, Findbücher, Karteien, Inventare.

Bibliothek:
Präsenzbibliothek mit ca. 2.500 Bänden.

Geschichte des Archivs:
Das Archiv der Universität Hohenheim ist zuständig für die gesamte Universität Hohenheim und ihre Vorgängereinrichtungen. Hierzu zählen auch die Landesanstalten, die Acker-und Gartenbauschule an der Universität Hohenheim. Das Archiv der Universität Hohenheim ist 1962 von Prof. Dr. G. Franz gegründet worden. Die wissenschaftlichen Leiter waren W. Boelcke, U. Thomas, K. Herrmann und seit 1989 U. Fellmeth. In den ersten Jahren des Bestehens war man bemüht, den Beständen durch Verzeichnisse und Karteien eine Struktur zu geben. Der Umfang wuchs schnell an, insbesondere durch die Übernahme von Nachlässen.

Bestände:
Akten, Karten, Pläne, Bildnisse und Fotos. Das Universitätsarchiv Hohenheim hat auch die konservatorische Betreuung der Kunstgegenstände der Universität sowie die Führung des Kunstinventars zur Aufgabe. Das Museum zur Geschichte Hohenheims im Spielhaus ist zwar eine eigenständige Einrichtung, wird aber vom Archiv betreut.

Storm - Archiv, Husum

Anschrift:
Wasserreihe 31, 25813 Husum,
Tel. 04841/666270

Archivträger:
Theodor-Storm-Gesellschaft

Leiter:
Dr. Gerd Eversberg

Öffnungszeiten:
Mo, Mi 8-16.30, Di, Do 12.30-16.30 und Fr 8-12 Uhr.

Findhilfsmittel:
Karteien.

Bibliothek:
Präsenzbibliothek mit ca. 6000 Bänden zu Theodor Storm und seinem literarischen Umfeld.

Veröffentlichungen des Archivs:
Schriften der Theodor-Storm-Gesellschaft, Mitteilungen und Briefbandreihe.

Geschichte:
Aus der Storm-Gesellschaft entstanden.

Bestände:
Handschriften, Bücher, Dokumente, Fotos zu Leben und Werk Theodor Storms.

Universitätsarchiv Ilmenau

Anschrift:
Technische Universität Ilmenau, Dezernat Akademische und Rechtsangelegenheiten / Universitätsarchiv, Postfach 327, 98684 Ilmenau, Tel. 03677/690, Fax 03677/691701

Archivträger:
Technische Universität Ilmenau

Leiterin:
Petra Lindner

Öffnungszeiten:
Mo-Fr 8-11.30 Uhr, 13-15 Uhr und nach Vereinbarung.

Findhilfsmittel:
Beständeübersicht, Ablieferungslisten und Karteien.

Bibliothek:
Präsenzbibliothek mit ca. 1.000 Bänden, Broschüren und Zeitschriften mit den Schwerpunkten Technikgeschichte, Geschichte technischer Bildung, Politik, Staat, Behörden, Recht, Wissenschaft, Forschung, Bildung, Kultur.

Geschichte des Archivs:
Das Archiv besteht seit 1953 mit wechselnder organisatorischer Zugehörigkeit. 1993 erfolgte unter der Bezeichnung "Sachgebiet Archiv und Kustodie" eine Anbindung an das Dezernat für Akademische und Rechtsangelegenheiten. Das Archiv ist für die Archivalien der Technischen Universität Ilmenau sowie deren Vorgänger zuständig.

Bestände:
Thüringisches Technikum, Technische Hochschule Ilmenau, Technische Universität Ilmenau, Wärmetechnisches Institut Jena, Sammlungen von Fotos, Filmen und Videos.

Sonderaufgabe:
Kustodie der Sammlung von Sachzeugen der Technik- und Hochschulgeschichte.

Archiv der Fachhochschule Jena

Anschrift:
Fachhochschule Jena, Hochschulbibliothek, Postfach 10 03 14, 07703 Jena

Archivträger:
Fachhochschule Jena

Leiter:
Lothar Löbnitz

Öffnungszeiten:
Mo-Fr 9-12 Uhr.

Findhilfsmittel:
Findbücher, Beständeübersicht.

Bibliothek:
Präsenzbibliothek.

Geschichte des Archivs:
Die Fachhochschule ist Nachfolger der Ingenieur - Schule für WGB "Carl Zeiss" ab 1949 und pflegt im Hochschularchiv ihre Tradition.

Bestände:
Personalakten, Studentenakten, Verwaltungs- und Prüfungsakten, Klassenbücher, Ingenieur- und Diplomarbeiten, Klausuren, Haushaltunterlagen, Verwaltung.

Universitätsarchiv Jena

Anschrift:
Universitätsarchiv, Thüringer Universitäts- und Landesbibliothek, Postfach, 07743 Jena,
Tel. 03641/632156

Archivträger:
Friedrich-Schiller-Universität Jena

Leiterin:
Dr. Leni Arnold

Öffnungszeiten:
Mo-Do 8-12 und 13-15.30 Uhr.

Findhilfsmittel:
Repertorien, Findbücher, Karteien, Spezialinventare.

Bibliothek:
Präsenzbibliothek mit ca. 1.800 Bänden, insbesondere zur Geschichte der Universität und Stadt Jena, zur allgemeinen Universitätsgeschichte und Thüringens.

Veröffentlichungen des Archivs:
O. Köhler, Das Archiv der Friedrich - Schiller - Universität Jena, in: Archivmitteilungen 16 (1966), S.187-191. Ders., Zur Geschichte des Universitätsarchivs Jena vom 17.Jahrhundert bis zur Gegenwart, in: WZ FSU Jena, GSR 17 (1968), H 4, S.541-550. Ders., Das Univer-

sitätsarchiv und die Kustodie, in: Reichtümer und Raritäten (Jenaer Reden und Schriften) 1974, S.21-29. L. Arnold, Das Universitätsarchiv Jena - eine neue Abteilung der Thüringer Universitäts- und Landesbibliothek Jena, Heft 1 (1992).

Geschichte des Archivs:
Das zentrale Universitätsarchiv entstand in den Jahren von 1947 bis 1950 durch Zusammenführung des Archivguts des bis dahin getrennt verwalteten Universitätshauptarchivs (Rektor und Senat betreffend), den Archiven der Theologischen, Juristischen, Medizinischen und Philosophischen Fakultät, dem Universitätsrentarchiv und dem Kuratelarchiv.

Bestände:
Das Universitätsarchiv gliedert sich in das Historische Endarchiv und das Verwaltungsarchiv/Altregistratur. Die Bestände: Rektor, Senat, Kuratur, Verwaltungsdirektor, Universitätsbauamt/Bauverwaltung, Bauplanung und -durchführung, Studentenakten, Disziplinarakten, Prüfungsakten, Rentamt und Quästur, Universitätsgut Apolda, Güterleihstelle, Universitätsarchiv, Fakultäten, Institute, Kliniken, Gesellschaften und Körperschaften, Nachlässe und Teilnachlässe, Sammlungen, Fotos, Siegel, Amtsdrucksachen, Personalakten, Verwaltungsarchiv.

Scheffel - Archiv, Karlsruhe

Anschrift:
Röntgenstraße 6, 76133 Karlsruhe,
Tel. 0721/843816, Fax 0721/853544

Archivträger:
Literarische Gesellschaft (Scheffelbund) Karlsruhe

Leiter:
Thomas Schreiner

Öffnungszeiten:
Nach Vereinbarung.

Findmittel:
Karteien und Ablieferungslisten.

Bibliothek:
Präsenzbibliothek mit ca. 10.000 Bänden zu oberrheinischen Dichtern.

Archivgeschichte:
Die Stadt Karlsruhe begann 1913 mit dem Nachlaß Scheffels und Materialien aus seinem Umkreis. 1924 erfolgte die Gründung des Deutschen Scheffelbundes, der 1927-1929 auch Materialien des österreichischen Scheffelbundes übernahm, 1971 konnten weitere Nachlaßteile von der Familie Reischach-Scheffel erworben werden. 1994 wurde das Archiv erstmals fachlich betreut.

Bestände:
Nachlaß Joseph Victor von Scheffel, Scheffelbund / Literarische Gesellschaft und Oberrheinisches Dichtermuseum, weitere Dichternachlässe, Sammlungen von Gemälden, Plakaten, Fotos, Tonträgern, Presseausschnitten.

Universitätsarchiv Karlsruhe

Anschrift:
Postfach 6980, 76128 Karlsruhe, Kaiserstraße 12, 76133 Karlsruhe Tel. 0721/6083494 und 6082003, Fax 0721/6084290

Archivträger:
Universität Fridericiana Karlsruhe

Leiter:
PD Dr. Klaus-Peter Hoepke

Öffnungszeiten:
Nach Vereinbarung.

Findhilfsmittel:
Beständeübersicht und Findbücher.

Bibliothek:
Präsenzbibliothek mit ca. 500 Bänden, insbesondere Monographien und Aufsätze zur Geschichte der Universität Karlsruhe, Biographien ihrer Gelehrten und Absolventen, Personal- und Vorlesungsverzeichnisse.

Geschichte des Archivs:
Das Archiv wurde Ende 1985 errichtet. Es ist

Teil der Universitätsverwaltung und untersteht dem Kanzler. Zuständig ist es für die Überlieferungen der Verwaltung, des wissenschaftlichen Bereichs, für Gelehrtennachlässe, sonstige hochschulinterne Gremien und Sammlungen, wie z.B. Fördervereine und Studentica. Die Bestände entstanden überwiegend nach 1945/46. Ältere Überlieferungen, zurückgehend bis ins Gründungsjahr 1825, befinden sich im Generallandesarchiv Karlsruhe.

Bestände:
Akten der Universitätsverwaltung, Sammlungen von Bildern, Plänen, Tonträgern, schriftlichen Studentica, Flugblättern, Medaillen, Plaketten, Memorabilien, biographischen Unterlagen.

Brüder - Grimm - Museum, Kassel

Anschrift:
Brüder-Grimm-Platz 4 A, 34117 Kassel,
Tel. 0561/103235, Fax 0561/713299

Archivträger:
Stadt Kassel und Brüder-Grimm-Gesellschaft Kassel e.V.

Leiter:
Dr. Bernhard Lauer

Öffnungszeiten:
Mo-Do 10-12, 14-16, Fr 10-12 Uhr.

Findhilfsmittel:
Kartei.

Bibliothek:
Präsenzbibliothek mit ca. 10.000 Bänden.

Veröffentlichungen des Archivs:
Jahrbuch der Brüder-Grimm-Gesellschaft; Ausstellungen im Brüder-Grimm-Museum, Große und Kleine Reihe.

Bestände:
Akten, Karten, Filme, Pläne, Fotos, Handzeichnungen, Skulpturen.

Archiv der deutschen Frauenbewegung, Kassel

Anschrift:
Sommerweg 1 B, 34125 Kassel,
Tel. 0561/55600, Fax 0561/576012

Archivträger:
Archiv der deutschen Frauenbewegung e.V.

Öffnungszeiten:
Mo-Fr 10-14 Uhr und nach Vereinbarung.

Findhilfsmittel:
Karteien, Datenbank.

Bibliothek:
Präsenzbibliothek mit ca. 14 000 Bänden zur Geschichte der Frauenbewegung von 1800 bis 1950.

Veröffentlichungen des Archivs:
Schriftenreihe des Archivs der deutschen Frauenbewegung und Ariadne. Almanach des Archivs der deutschen Frauenbewegung.

Geschichte des Archivs:
Das Archiv der deutschen Frauenbewegung wurde 1983 als eingetragener Verein gegründet. Es sammelt und systematisiert aus dem Zeitraum 1800-1950 alle Dokumente, die für die Frauengeschichte, insbesondere für die Geschichte der Frauenbewegung relevant sind. Die Finanzierung erfolgt über Mitgliedsbeiträge, Spenden, Förderverein, Zuschüsse des hessischen Wissenschaftsministeriums und der Stadt Kassel.

Bestände:
Sammlungen von Einzelstücken, mehrere (Teil-) Nachlässe, Presseausschnittsammlung mit Auswertung von 83 Zeitungen, Zeitschriften, Bildersammlung.

Deutsches Musikgeschichtliches Archiv, Kassel

Anschrift:
Gießbergstr. 41-47, 34127 Kassel,
Tel. 0561/899940

Archivträger:
Musikgeschichtliche Kommission e.V.

Leiter:
Dr. Jürgen Kindermann

Öffnungszeiten:
Mo-Fr 8-13 und 14-17 Uhr.

Findhilfsmittel:
Beständeübersicht, Repertorien, Findbücher, Karteien, Inventare, spezielle Findhilfsmittel.

Bibliothek:
Präsenzbibliothek mit ca. 10.000 Bänden.

Veröffentlichungen des Archivs:
Deutsches Musikgeschichtliches Archiv Kassel, Katalog der Filmsammlung.

Geschichte des Archivs:
Das Deutsche Musikgeschichtliche Archiv wurde 1954 gegründet. Seine Aufgaben sind die Verfilmung von Musikhandschriften und Drukken des 15. bis 17.Jahrhunderts.

Bestände:
Filmbestände von Musikhandschriften und Drukken des 15. bis 17.Jahrhunderts.

Documenta Archiv, Kassel

Anschrift:
Untere Karlsstr. 4, 34117 Kassel

Archivträger:
Stadt Kassel

Leiterin:
Karin Stengel

Öffnungszeiten:
Di, Mi, Fr 10-14, Do 10-17 Uhr.

Bibliothek:
Präsenzbibliothek zur Kunst des 20. Jahrhunderts, 60.000 Bände, 120 internationale Zeitschriften zur Gegenwartskunst, ca. 250.000 Zeitungsausschnitte, Graue Literatur, d.h. ca.150.000 Einladungskarten und Faltblätter zu Künstlern des 20. Jahrhunderts.

Veröffentlichungen des Archivs:
Schriftenreihe des documenta Archivs.

Geschichte des Archivs:
Das Archiv wurde 1961 nach einer Idee von Arnold Bode, dem Initiator der documenta, zur Dokumentation und wissenschaftlichen Bearbeitung der internationalen Gegenwartskunst gegründet.

Bestände:
Dokumentation des Ausstellungsmaterials, Sammlungen von Fotos und Videos mit Werken und Aktionen von documenta-Künstlern und alle Werke der Ausstellung "Agitation zum Glück" - Kunst der Stalinzeit, die das documenta Archiv in Zusammenarbeit mit dem Staatlichen Russischen Museum in St. Petersburg präsentiert hat. Ausleihe von 150 Kunstwerken von documenta Künstlern und Künstlern der nordhessischen Region.

Archiv des Internationalen Arbeitskreises Frau und Musik, Kassel

Anschrift:
Naumburger Straße 40, 34127 Kassel,
Tel. 0561/8900061, Fax 0561/893642

Archivträger:
Internationaler Arbeitskreis Frau und Musik e.V.

Leiterin:
Teresa Blaszke

Öffnungszeiten:
Mo-Fr 10-14 Uhr.

Findhilfsmittel:
Karteien und EDV-Datenbank.

Bibliothek:
Präsenzbibliothek.

Veröffentlichungen des Archivs:
Schriftenreihe Frau und Musik.

Bestände:
Sammlungen von Ton- und Bildträgern, Noten, Autographgen, Nachlässe, Manuskripte u.a.

Archiv des Landeswohlfahrtsverbandes Hessen, Kassel

Anschrift:
Ständeplatz 6-10, 34117 Kassel,
Tel. 0561/1004177, Fax 0561/1004650

Archivträger:
Landeswohlfahrtsverband Hessen

Leiterin:
Dr. Christina Vanja

Öffnungszeiten:
Di-Do 9-16 Uhr und nach Vereinbarung.

Findhilfsmittel:
Beständeübersicht, Findbücher, Karteien, Datenbanken.

Bibliothek:
Präsenzbibliothek mit ca. 5.000 Bänden, besonders zur Psychiatriegeschichte.

Veröffentlichungen des Archivs:
Christina Vanja, Archiv des Landeswohlfahrtsverbandes Hessen, in: Handbuch der Historischen Buchbestände in Deutschland, Bd. 5, hg. von Berndt Dugall, Hildesheim, Zürich, New York 1992, S.331-332. Dies., Das Archiv des Landeswohlfahrtsverbandes Hessen, in: Der Archivar 41 (1988), Heft 4, Sp. 597-599. Landarmen- und Korrektionsanstalt Breitenau 1874-1949 (1976), Findbuch zum Bestand 2 (Teil 1), bearb. von Christina Vanja, Kassel 1989. Heil- und Pflegeanstalt Heppenheim (1866-1956), Findbuch Heppenheim zum Bestand 14, bearb. von Peter Eller und Christina Vanja, Kassel 1994.

Geschichte des Archivs:
Der Landeswohlfahrtsverband Hessen ist als Höherer Kommunalverband ein Zusammenschluß aller Landkreise und kreisfreien Städte des Landes Hessen zur Erfüllung sozialer Aufgaben. Das Archiv umfaßt die Überlieferungen von Hospitälern, Irrenanstalten, Taubstummen- und Blindenschulen, Heilerziehungseinrichtungen, Korrektionsanstalten bzw. Armenhäusern, Lungenheilstätten, Jugendheimen und Orthopädien sowie der übergeordneten Verwaltungen, die zum Teil bis in das frühe 16. Jahrhundert zurückgehen. Das Archiv ist Teil des Referates "Archiv, Gedenkstätten, Historische Sammlungen". In dessen Zuständigkeit liegt insbesondere die Betreuung der Gedenkstätte Hadamar und des Psychiatriemuseums Haina.

Bestände:
Kranken- und Fürsorgeakten, "Euthanasie"-Akten aus Hadamar. Verwaltung der Fürsorgeeinrichtungen, Aufnahmeskripte, Rechnungen und Amtsbücher der alten hessischen "Hohen Hospitäler", Korrektionsanstalt Breitenau (Guxhagen), früheres Konzentrations-, Straf- und Sammellager, Protokollbände der hessischen Provinzialverwaltungen, Baupläne.

Registratur der Universität Gesamthochschule Kassel

Anschrift:
Mönchebergstr. 19, 34109 Kassel,
Tel. 0561/8042122, Fax 8042330

Archivträger:
Universität Gesamthochschule Kassel

Leiter:
Bernd Rauthe

Öffnungszeiten:
Nach Vereinbarung.

Findhilfsmittel:
Aktenplan, Karteien und Bestandsübersichten.

Veröffentlichungen des Archivs:
Beiträge zur Hochschulgeschichte und Hochschulentwicklung werden in der hochschuleigenen Zeitschrift "Prisma" veröffentlicht.

Geschichte des Archivs:
Nach zweijähriger Gründungsphase von 1988 bis 1990 scheiterte die Weiterentwicklung eines eigenen Hochschularchives am Personalmangel.

Bestände:
Bestände, auch der Vorgängereinrichtungen, die nicht in der Altregistratur verwahrt oder ausgesondert werden, übernimmt das Staatsarchiv Marburg, Frau Prof. Dr. Auerbach.

Universitätsarchiv Kiel

Anschrift:
Landesarchiv, Prinzenpalais, Gottorfstr. 6, 24837 Schleswig, Tel. 04621/861843,
Fax 04621/861801

Archivträger:
Landesarchiv Schleswig-Holstein / Christian-Albrechts-Universität

Leiterin:
Dr. Elke Imberger

Öffnungszeiten:
Mo-Fr 8.30-17 Uhr.

Geschichte des Archivs:
Das Landesarchiv verwahrt das historische, bis zum Jahre 1945 laufende Archiv der Kieler Universität. Das neuere Schriftgut befindet sich in der Altregistratur der Universität in Kiel.

Bestände
Urkunden der Universität Kiel, Akten der Universität Kiel: Kurator, Studentische Verbände und Vereinigungen, Theologische Fakultät, Juristische Fakultät, Medizinische Fakultät, Philosophische Fakultät, Mathematisch - naturwissenschaftliche Fakultät, Flugblätter der Universität, Universitätsbibliothek, Sonderforschungsbereiche, Institut für Rechtsmedizin. Neuere Bestände hat das Landesarchiv noch nicht übernommen und befinden sich noch in der Altregistratur der Universität.

Faust - Archiv, Knittlingen

Anschrift:
Kirchplatz 2, 75438 Knittlingen,
Tel. 07043/37370, Fax 07043/37371

Archivträger:
Stadt Knittlingen

Leiter:
Dr. Günther Mahal

Öffnungszeiten:
Nach Vereinbarung.

Bibliothek:
Präsenzbibliothek mit ca. 6.000 Titeln.

Geschichte des Archivs:
Das Archiv wurde 1979 gegründet und war immer eng mit der Erarbeitung von Sonderausstellungen im Faust-Museum verbunden. Sehr bald kamen umfängliche Auskunftsdienste hinzu (v.a. Bühnen, Schulen).

Bestände:
Theater-Archiv sowie Zeitungsausschnittssammlungen, Dia-, Audio- und Videothek.

Koblenzer Autonomes Frauenarchiv

Anschrift:
Etzegässchen 1, 56068 Koblenz,
Tel. 0261/14067

Universitätsarchiv Konstanz

Anschrift:
Universitätsstr. 10, Postfach 5560, 78434 Konstanz, Tel. 07531/882758, 883150, 883675, Fax 07531/883688

Archivträger:
Universität Konstanz

Leiterin:
Dr. Juliane Kümmell - Hartfelder

Öffnungszeiten:
Nach Vereinbarung.

Findhilfsmittel:
Im Aufbau.

Bibliothek:
Präsenzbibliothek im Aufbau.

Veröffentlichungen des Archivs:
Chronik der Universität Konstanz (in Vorbereitung).

Geschichte des Archivs:
Nach der Gründung der Universität Konstanz 1966 wurde 1986 ein hauptamtlich geführtes Universitätsarchiv mit einer Zuständigkeit für die gesamte Universität eingerichtet.

Bestände:
Universitätsverwaltung, Fakultäten, Zentrale Einrichtungen, Institute, Protokolle, Nachlässe, Sammlungen von Fotos, Plakaten, Plänen, Stempeln und Studentica.

Archiv des Centrum Schwule Geschichte, Köln

Anschrift:
Wahlenstraße 1, 50823 Köln, Tel.0221/529295, Fax 0221/511343

Archivträger:
Centrum Schwule Geschichte e.V.

Leiter:
Martin Sölle

Öffnungszeiten:
Nach Vereinbarung.

Findhilfsmittel:
Beständeübersicht und EDV.

Bibliothek:
Präsenzbibliothek mit ca. 3.000 Bänden und Zeitschriften.

Veröffentlichungen des Archivs:
"Verführte Männer". Das Leben der Kölner Homosexuellen im Dritten Reich, Köln 1991. "Himmel und Hölle". Das Leben der Kölner Homosexuellen 1945-1969, Köln 1994. "Dornröschen". Das Leben der Verzauberten im Köln der 20er Jahre, Köln 1987.

Geschichte des Archivs:
Die Gründung des Archivs erfolgte 1984 und ist aus dem Arbeitskreis Schwule Geschichte Kölns und dem Rheinischen Schwulen-Archiv hervorgegangen. Ein Schwerpunkt der Arbeit ist das Führen von Zeitzeugeninterviews.

Bestände:
Schriftgut von Schwulenorganisationen, Nachlässe, Zeitzeugeninterviews, Sammlungen von Fotos, Zeitungsausschnitten, Ton- und Bildträgern, Ersatzüberlieferungen aus Gestapoakten und dem Jugendamt Köln und dem Archiv der Konrad - Adenauer - Stiftung.

Frauenmediaturm, Köln

Anschrift:
Frauenmediaturm - Feministisches Archiv und Dokumentationszentrum, Bayenturm, 50678 Köln, Tel. 0221/9318810, Fax 0221/9318813

Archivträger:
Stiftung Frauenmediaturm

Leiterin:
Vorstand der Stiftung (Alice Schwarzer, Anne Zellensky, Ursula Scheu)

Öffnungszeiten:
Nach Vereinbarung.

Findhilfsmittel:
EDV-Erschließung.

Bibliothek:
Präsenzbibliothek mit ca 7.500 Bänden, 600 Zeitschriften, zahlreichen Kleinschriften und Sonderdrucken.

Veröffentlichungen des Archivs:
Feministischer Thesaurus, Selbstverlag Turm der Frauen.

Geschichte des Archivs:
Das Feministische Archiv und Dokumentationszentrum wurde 1984 gegründet zur Dokumentation von Frauenfragen im deutschsprachigen Raum und befindet sich seit 1994 im Bayenturm. Die gemeinnützige Stiftung wurde von Alice Schwarzer initiiert und von Jan Philipp Reemtsma finanziert (Anschubsfinanzierung auf 10 Jahre und Gründungskapital).

Bestände:
Schriftgut, Pressedokumentationen, nationale und internationale Frauenzeitschriftentitel, Flugschriften, Plakate, Statistiken und Nachlässe zur historischen und modernen Frauenbewegung.

Deutsches Tanzarchiv, Köln

Anschrift:
Subbelrather Straße 247, 50825 Köln,
Tel. 0221/552014, Fax 0221/5507711

Archivträger:
Stadt Köln und Kulturstiftung der Stadtsparkasse Köln

Leiter:
Frank - Manuel Peter

Öffnungszeiten:
Di, Mi, Do 10-16 Uhr.

Findhilfsmittel:
Findbücher, EDV, CD-ROM "Dance on disc".

Bibliothek:
Präsenzbibliothek mit ca. 8.000 Monographien und ca. 16.000 Zeitschriftenhefte zum Thema Tanz.

Veröffentlichungen des Archivs:
Buchreihe von Dore Hoyer und Harald Kreutzberg.

Geschichte des Archiv:
1948 als Privatsammlung von Kurt Peters in Hamburg gegründet, 1985 von der Kulturstiftung der Stadtsparkasse Köln erworben und seit 1986 gemeinsam mit der Stadt Köln als überregionales Dokumentations-, Forschungs- und Informationszentrum der Öffentlichkeit zugänglich.

Bestände:
Sammlungen von Zeitungsausschnitten, Programmheften, Plakaten, Fotos, Videos, Nachlässe von Tänzern, Choreographen, Tanz - Schriftstellern und Tanz - Photographen, Sammlung zur bildenden Kunst, Kostüme, Masken.

Deutsche Sporthochschule, Köln

Anschrift:
Carl-Diem-Weg 6, 50927 Köln, Tel.
0221/4982325 oder 4982326,
Fax 0221/499458

Archivträger:
Land Nordrhein-Westfalen

Leiter:
K. H. Lemke

Öffnungszeiten:
Nach Vereinbarung.

Findhilfsmittel:
IuD-Stelle und Datenbankrecherchen.

Bibliothek: Größte Spezialbibliothek in Europa für das Gebiet Sport und Sportwissenschaften, mit Sonderbeständen der Deutschen Turnerschaft, der Deutschen Reichsakademie für Leibesübungen, von E. Mehl, früher Wien, von

C.M. Luther zum Winter- und Kanusport, Gronen und Budzinski zum Radsport, Diplomarbeiten der DSHS, US-Dissertationen über "Health, Physical Education, Recreation an Allied Areas" auf Microfiche.

Bestände:
Sammlungen und Pressedokumentationen.

Stereo - Sammlung Selle, Köln

Anschrift:
Zentralbibliothek der Stadtbibliothek Köln, Josef-Haubrich-Hof 1, 50676 Köln, Tel. 0221/2213931 oder 2213894, Fax 0221/2213933

Archivträger:
Stadt Köln

Leiter:
Guido Weyer

Öffnungszeiten:
Di, Do 11.30-20 Uhr, Mi, Fr 9-18 Uhr und Sa 10-15 Uhr.

Findhilfsmittel:
Die Stereo-Sammlung Selle ist im OPAC der Stadtbibliothek enthalten.

Bibliothek:
Präsenzbibliothek mit ca. 650 Bänden, Zeitschriften und grauer Literatur.

Geschichte des Archivs:
Das Archiv entstand durch den Ankauf einer privaten Sammlung. Die Betreuung erfolgt im Rahmen des Sachgebietes Technik.

Bestände:
Patentschriften, Fotos, Dias, sonstiges Anschauungsmaterial, graue Literatur.

Universitätsarchiv Köln

Anschrift:
Universitätsstr. 33, 50931 Köln, Tel. 0221/4703340

Archivträger:
Universität Köln

Leiter:
Prof. Dr. Erich Meuthen

Öffnungszeiten:
Mo-Fr 9-12 und 13-16 Uhr.

Findhilfsmittel:
Beständeübersicht, Repertorien, Karteien, Abgabeverzeichnisse.

Bibliothek:
Präsenzbibliothek mit ca. 4.800 Bänden zur Universitäts-, Wissenschafts- und Bildungsgeschichte.

Veröffentlichungen des Archivs:
Studienreihe zur Geschichte der Universität Köln.

Geschichte des Archivs:
Schon 1962 gab es Diskussionen im Senat über die Einrichtung eines Archivs und die Bildung eines Ausschusses, jedoch wurde das Archiv erst 1968 gegründet. Die Leitung hatten zunächst die Professoren Büttner und Schieffer. 1977 übernahm die Leitung Prof. Dr. Meuthen. Das Archiv ist zuständig für die Universitätsverwaltung, wissenschaftlichen Anstalten, Institute, Seminare, Kliniken und Prüfungsausschüsse. Die Zuständigkeit bezieht sich nur auf die im Jahre 1919 wiedererrichtete Universität und ihre unmittelbaren Vorläufer. Die Archivalien der alten Universität (1388-1798) befinden sich im Historischen Archiv der Stadt Köln.

Bestände:
Städtische Handelshochschule, Hochschule für kommunale und soziale Verwaltung, Rektorat, Kuratorium, Universitätsverwaltung, Dekanate, Institute, Seminare, Prüfungsausschüsse, Kliniken, Kartensammlung, universitätsgeschichtliche Sammlungen.

Tanzarchiv Leipzig e.V.

Anschrift:
Gottschedstraße 16, 04109 Leipzig,
Tel. 0341/9804842, Fax 0341/9805168

Archivträger:
Freistaat Sachsen

Leiter:
Prof. Dr. Peter Reichel

Öffnungszeiten:
Mo, Do 8-18 und Di, Mi, Fr 8-16 Uhr und nach Vereinbarung

Findhilfsmittel:
Karteien.

Bibliothek:
Präsenzbibliothek mit ca 13.000 Fachbüchern, Zeitschriften, Noten und Programmheften

Veröffentlichungen des Archivs:
Kurt Petermann, Tanzbibliographie.

Geschichte des Archivs:
Das Tanzarchiv wurde 1957 am Institut für Volkskunde des Zentralhauses für Kulturarbeit Leipzig durch Prof. Dr. Petermann gegründet, war seit 1975 Außenstelle der Akademie der Künste der DDR und ist seit 1993 gemeinnütziger Verein.

Bestände:
Nachlässe und Sammlungen bedeutender Persönlichkeiten des Tanzes, Tonfilme, Videothek, Sammlungen von Fotos, Plakaten und Materialien zur Geschichte des Tanzes.

Archiv der Hochschule für Technik, Wirtschaft und Kultur Leipzig

Anschrift:
HTWK Leipzig, Postfach 66, 04251 Leipzig

Archivträger:
Hochschule für Technik, Wirtschaft und Kultur Leipzig

Leiterin:
Dr. Sigrid Tannert

Öffnungszeiten:
Nach Vereinbarung.

Findhilfsmittel:
Bestandslisten und Findbücher, die aber nicht für allgemeine Benutzung zugänglich sind.

Geschichte des Archivs:
Das Archiv der HTWK besteht, mit wechselnden Unterstellungsverhältnissen, seit 1975. Damals wurde begonnen, die Altregistraturen der Hochschule für Bauwesen und der Ingenieurhochschule für Bauwesen in der Ingenieurhochschule zusammenzuführen. Die Bestände der Vorgängereinrichtungen waren bis 1990 in verschiedenen Magazinen unter teilweise sehr schlechten Bedingungen in verschiedenen Stadtteilen Leipzigs untergebracht. Die räumliche Zusammenführung und Nutzbarkeit der Archivbestände erfolgte erst 1990 nach Umzug in geeignete Räume. Das Hochschularchiv ist dem Dezernat Wirtschaft und Finanzen zugeordnet.

Bestände:
Städtische Gewerbeschule, Technische Lehranstalten Leipzig, Fachschule für Maschinenbau und Elektrotechnik, Fachschule für Schwermaschinenbau und Elektrotechnik, Institut für Schwermaschinenbau und Elektrotechnik, Institut für Chemie Leipzig, Institut für Automatisierungstechnik, Hochschule für Bauwesen, Ingenieurhochschule Leipzig, Technische Hochschule Leipzig.

Archiv der Handelshochschule Leipzig

Anschrift:
Archiv der Handelshochschule Leipzig im Sächsischen Wirtschaftsarchiv e.V., Theresienstraße 10, 04129 Leipzig, Tel./Fax 0341/5852719

Archivträger:
Sächsisches Wirtschaftsarchiv e.V.

Leiter bzw. Geschäftsführerin:
Leiter des Archivs der Handelshochschule: Dr. Wolfram Fiedler
Geschäftsführerin des Sächsischen Wirtschaftsarchivs: Dr. Petra Listewnik

Öffnungszeiten:
Mo, Mi 7.30-16 Uhr, Di 7.30-18, Do 7.30-17 und Fr 7.30-12.30 Uhr.

Findhilfsmittel:
Karteien und Ablieferungslisten.

Bibliothek:
Das Archiv selbst besitzt keine Bibliothek, jedoch kann die sich gleichfalls im Sächsischen Wirtschaftsarchiv befindliche Bibliothek der Interessengemeinschaft Geschichte der Handelshochschule Leipzig e.V. mit etwa 1.000 Bänden zur Handelshochschulbewegung, Geschichte der kaufmännischen Berufsbildung und einer Sammlung der von der Handelshochschule Leipzig veröffentlichten Lehrbücher benützt werden. Weiter steht die Bibliothek des Sächsischen Wirtschaftsarchivs mit Literatur zur Sächsischen Wirtschaftsgeschichte zur Verfügung. In beiden Fällen handelt es sich um Präsenzbibliotheken.

Veröffentlichungen des Archivs:
Das Archiv selbst hat weder Veröffentlichungen herausgegeben noch gibt es Veröffentlichungen über das Archiv. Jedoch gibt die Interessengemeinschaft Geschichte der Handelshochschule Leipzig eine Veröffentlichungsreihe heraus, in der bislang neun Publikationen zur Hochschulgeschichte im weitesten Sinne erschienen sind.

Geschichte des Archivs :
Das Archiv der von 1898 bis 1946 bestehenden Handelshochschule Leipzig befindet sich seit deren Angliederung an die Universität am 5.2.1946 im Universitätsarchiv. Ein Findbuch über diesen Bestand wurde im Zusammenwirken von Universitätsarchiv und Archiv der Handelshochschule bis 1993 erarbeitet. Das Archiv der Hochschule für Binnenhandel und der Handelshochschule befand sich bis 1992 an der Handelshochschule. Mit der Auflösung der Handelshochschule Leipzig als staatliche Institution zum 30.9.1992 wurde das Hochschularchiv der Universität Leipzig übergeben. Mit Gründung des Sächsischen Wirtschaftsarchivs wurde der Bestand dem Sächsischen Wirtschaftsarchiv als Depositum übergeben.

Bestände:
Im einzelnen sind von der Hochschule für Binnenhandel Studentenakten, Personalia der Mitarbeiter und Sachakten vorhanden. Der Bestand Handelshochschule Leipzig besteht aus Studentenakten, Personalia, Promotionsakten, Rektorat, Prorektorat, Wissenschaften und Gesellschaftswissenschaften, Erziehung und Ausbildung, wissenschaftliche Struktureinheiten, Prorektorat / Bereich des Kanzlers, Sammlungsgut, Studienjahreskonzeptionen, rechtliche Grundlagen, ausgewählte Dissertationen und Diplomarbeiten, Kartei der wissenschaftlichen Publikationen der Hochschulangehörigen, Lehrbriefsammlung, Fotosammlung, Kartei der in der Deutschen Bücherei vorhandenen Publikationen von Angehörigen der Handelshochschule Leipzig, Brigadetagebücher, Studentenzeitungen, Freundschafts- und Ehrengeschenke, Medaillen, Münzen, Materialien zur Universitätsgeschichte, Zeitungsausschnitte.

Archiv der Sächsischen Akademie der Wissenschaften, Leipzig

Anschrift:
Beethovenstr. 6, 04107 Leipzig,
Tel. 0341/9730200, Fax 0341/2132168

Archivträger:
Sächsische Akademie der Wissenschaften zu Leipzig

Leiter:
Dr. Gerald Wiemers, Leiter im Nebenamt

Öffnungszeiten:
Mo-Fr 8.30-11 und 13-15 Uhr, Öffnungszeiten des Benutzersaales sind bei Anmeldung zu erfragen.

Findhilfsmittel:
Keine zur Benutzung freigegebenen Findhilfsmittel.

Veröffentlichungen des Archivs:
G. Wiemers, Archiv der Sächsischen Akademie der Wissenschaften zu Leipzig und Universitätsarchiv Leipzig - zwei Archive wissenschaftlicher Einrichtungen in Sachsen, in: Die Archive in Bayern und Sachsen. Bayrisch-sächsisches Archivarstreffen 3.-5. April 1992 in Bamberg, Vorträge. Hrsg. von der Generaldirektion der Staatlichen Archive Bayerns, München 1993.

Geschichte des Archivs:
Am 5. Dezember 1943 ist das Akademiearchiv im Bornerianum der Universität durch Kriegseinwirkungen völlig zerstört worden. Seit dem 1. Mai 1992 wird das Akademiearchiv nebenamtlich vom Universitätsarchiv Leipzig mit verwaltet.

Bestände:
Die Bestände reichen bis 1945 zurück. Davon sind zugänglich der Bestand Historische Kommission, die Mitgliederakten, die Sitzungsprotokolle und die Fotosammlung.

Universitätsarchiv Leipzig

Anschrift:
Beethovenstr. 6, 04107 Leipzig,
Tel. 0341/9730200 oder 9730201,
Fax 0341/2132168

Archivträger:
Universität Leipzig

Leiter:
Dr. Gerald Wiemers

Öffnungszeiten:
Mo-Fr 8.30-11 und 13-15 Uhr, Öffnungszeiten des Benutzersaales sind bei Anmeldung zu erfragen.

Findhilfsmittel:
Bestandsübersicht (unveröffentlichtes Manuskript), Findbücher und Findkarteien - zum Teil nicht für allgemeine Benutzung zugänglich.

Bibliothek:
Präsenzbibliothek zur Universitäts- und Wissenschaftsgeschichte und Nachschlagewerke.

Veröffentlichungen des Archivs:
R. Drucker, Das Archiv der Karl - Marx - Universität zu Leipzig, in: Archivmitteilungen 2 (1957). G. Schwendler, Aus der Arbeit des Archives der Karl-Marx-Universität Leipzig, in: Archivmitteilungen 4 (1982). G. Wiemers, Archiv der Sächsischen Akademie der Wissenschaften zu Leipzig und Universitätsarchiv Leipzig - zwei Archive wissenschaftlicher Einrichtungen in Sachsen, in: Die Archive in Bayern und Sachsen. Bayrisch-sächsisches Archivarstreffen 3.-5. April 1992 in Bamberg, Vorträge. Hrsg. von der Generaldirektion der Staatlichen Archive Bayerns, München 1993.

Geschichte des Archivs:
Das Universitätsarchiv Leipzig besteht seit 1950. Bis dahin unterhielten das Rektorat, die Fakultäten, das Universitäts - Rentamt usw. ihre eigenen Archive. Das Archiv war zunächst Teil des Historischen Institutes. Parallel dazu wurde 1954 ein Verwaltungsarchiv als zentrale Altregistratur der Universität unter Kontrolle des Verwaltungsdirektors eingerichtet. 1963 wurden beide Archive vereinigt und dem Rektor unterstellt. Seitdem gliederte sich das Universitätsarchiv in die Abteilungen End- und Verwaltungsarchiv. Diese Struktur ist in der Archivordnung von 1966 festgeschrieben worden. Seit 1950 sind darin die Bestände einzelner Universitätsbereiche eingegangen, 1964 auch das Archiv der Handelshochschule Leipzig. Durch die Strukturveränderungen seit 1989 übernahm das Universitätsarchiv die Archive der Deutschen Hochschule für Körperkultur, der Pädagogischen Hochschule, Institut für Lehrerbildung, eingeschlossen Hochschule für Binnenhandel. Am 14.Juni 1994 verabschiedete der Senat der Universität Leipzig eine neue Archivordnung. Danach ist das Archiv eine zentrale wissenschaftliche Einrichtung und für die gesamte Universität zuständig.

Bestände:
Rektorat, Nationen, Fakultäten, Institute, Kliniken, Universitäts-Rentamt, Universitätsgericht. Darüber hinaus besitzt das Universitätsarchiv umfangreiche Sammlungen und zahlreiche Nachlässe von der Universität verbundenen Persönlichkeiten, Sammlungen von Fotos, Plakaten, Akten gesellschaftlicher Organisationen wie Studentenrat, FDJ, Kulturbund, Gewerkschaft, Deutsche Hochschule für Körperkultur, Pädagogische Hochschule, Institut für Lehrerbildung, Handelshochschule und Hochschule für Binnenhandel.

Ernst - Bloch - Archiv, Ludwigshafen

Anschrift:
Postfach 21 12 25, 67012 Ludwigshafen,
Tel. 0621/5042592

Archivträger:
Stadt Ludwigshafen

Leiter:
Dr. Karlheinz Weigand

Öffnungszeiten:
Nach Vereinbarung.

Findhilfsmittel:
Alphabetische Kataloge und Sachkatalog.

Bibliothek:
Präsenzbibliothek mit ca. 5.500 Einheiten.

Veröffentlichungen des Archivs:
Bloch-Almanach.

Geschichte des Archivs:
Das Archiv besteht seit 1979.

Bestände:
Materialien von und über Ernst Blochs Leben, Werk, Wirkungsgeschichte.

Nordostdeutsches Archiv, Lüneburg

Anschrift:
Nordostdeutsches Archiv am Institut Nordostdeutsches Kulturwerk, Postfach 2323, 21313 Lüneburg, Tel. 04131/37097,
Fax 04131/391143

Archivträger:
Nordostdeutsches Kulturwerk e.V.

Leiter:
Dr. Joachim Tauber

Öffnungszeiten:
Mo, Di, Fr 9-13 Uhr und 14-17 Uhr, Do 9-13 Uhr und 14-19 Uhr.

Findhilfsmittel:
Findbuch des Gesamtbestandes, EDV-gestützte Recherche.

Bibliothek:
Die Bibliothek hat den Schwerpunkt Regionalgeschichte im nördlichen Ostmitteleuropa mit ca. 75.000 Bänden.

Veröffentlichungen des Archivs:
Walter Camphauen und Rex Rexheuser, Ostdeutsche Archivalische Sammlungen. Ein Leitfaden für Erschließung und Aufbewahrung, Lüneburg 1989. Institut Nordostdeutsches Kulturwerk (Hg.), Nordostdeutsches Archiv, Entstehung - Aufgaben - Bestände, Lüneburg 1991.

Geschichte des Archivs:
Als Abteilung des Instituts Nordostdeutsches Kulturwerk seit 1983 aufgebaut. In seinen Arbeitsbereich wurden Aufgaben übernommen, die von 1965 bis 1979 vom Deutschen Archiv für Kulturgut des Nordostens und ab 1980 von der Nordost-Bibliothek wahrgenommen wurden. Im Mittelpunkt stehen Litauen, Lettland und Estland, Polen, das nördliche Rußland, Pommern, Posen, Westpreußen und Ostpreußen.

Bestände:
Das Nordostdeutsche Archiv verfügt vor allem über sozial-, alltags- und kulturgeschichtliches Material des ausgehenden 19. und 20. Jahrhunderts, z.B. eine Ansichtspostkartensammlung.

Universitätsarchiv Lüneburg

Anschrift:
Wilschenbrucher Weg 84, 21335 Lüneburg

Archivträger:
Universität Lüneburg

Leiterin:
Prof. Dr. Ingeborg Maschmann

Öffnungszeiten:
Mo-Fr 11-15 Uhr.

Findhilfsmittel:
Findbücher.

Veröffentlichungen des Archivs:
Ausstellungen.

Geschichte des Archivs:
Die Gründung des Archivs erfolgte 1981 zur Pflege der Geschichte der Hochschule, ursprünglich Pädagogische Hochschule und seit 1989 Universität mit drei Fachbereichen. Der Umzug auf den Campus eines ehemaligen Kasernenkomplexes ermöglicht eine ideale räumliche Voraussetzung für den Auf- und Ausbau.

Bestände:
Akten, Urkunden, Karten, Filme, Fotos seit der Gründung der Pädagogischen Hochschule / Universität 1946.

Universitätsarchiv Magdeburg

Anschrift:
Universitätsplatz 2, 39106 Magdeburg, Postfach 4120, 39016 Magdeburg, Tel. 0391/55922946 oder 55922780

Träger:
Otto - von - Guericke - Universität

Leiterin:
Dr. Isa Schirmeister

Archiv des Landesmuseums für Technik und Arbeit, Mannheim

Anschrift:
Museumsstr. 1, 68165 Mannheim,
Tel. 0621/2924780, Fax 0621/2924754

Archivträger:
Landesmuseum für Technik und Arbeit in Mannheim

Leiterin:
Andrea Schulz - Genrich

Öffnungszeiten:
Nach Voranmeldung Di-Fr 10-16.30 Uhr.

Findhilfsmittel:
Ablieferungsverzeichnisse, Findbücher und Karteien, Datenbank im Aufbau.

Bibliothek:
Das Archiv besitzt keine eigene Bibliothek, sondern benutzt die Museumsbibliothek (Leihbibliothek), mit 70.000 Bänden und 200 Zeitschriften zur Technik- und Sozialgeschichte.

Geschichte des Archivs:
Das Landesmuseum für Technik und Arbeit hat die Aufgabe, die Technik- und Sozialgeschichte Südwestdeutschlands zu dokumentieren. Zur tieferen Darstellung der geschichtlichen Hintergründe der einzelnen Ausstellungseinheiten begann man schon in der Planungsphase des Museums, Quellen zu sammeln. 1984 wurde das Museumsarchiv gegründet.

Bestände:
Firmenarchive und Nachlässe, Sammlungen von Firmenschriften, Firmenkatalogen und Briefköpfen, Verordnungen, historische Wertpapiere, Plakate, Technische Zeichnungen, Grafiken, Berufsdarstellungen, Ansichten, Bilanzen, Fabrikordnungen, Arbeiterlisten, Lohntabellen, Belege der Betriebskrankenkassen, Tagebücher, Reiseberichte, Baupläne, Karten, Gebäude-, Stadt- und Landschaftsansichten, Verkaufskataloge, Musterbücher, Publikationen von Gewerbe und Industrieausstellungen.

Deutsches Spracharchiv, Mannheim

Anschrift:
Deutsches Spracharchiv im Institut für deutsche Sprache (IDS), R 5,6-13, 68161 Mannheim, Tel. 0621/1581109, Fax 0621/1581200

Archivträger:
Institut für deutsche Sprache / Blaue Liste

Leiter:
Dr. Peter Wagener

Öffnungszeiten:
Nach Vereinbarung.

Findhilfsmittel:
Gesamtkatalog der Tonaufnahmen des Deutschen Spracharchivs, 2 Bände, Tübingen 1992.

Veröffentlichungen des Archivs:
Phonai. Texte und Untersuchungen zum gesprochenen Deutsch.

Geschichte des Archivs:
Das Spracharchiv wurde 1932 von E. Zwirner gegründet und ist heute Forschungs- und Dokumentationsstelle im Institut für deutsche Sprache.

Bestände:
Tonaufzeichnungen des gesprochenen Deutsch in Dialekt und Umgangssprachen.

Geißler - Archiv, Mannheim

Anschrift:
Freie Akademie der Künste Mannheim R 7,24 68161 Mannheim, Tel. 061/154571

Archivträger:
Freie Akademie der Künste Mannheim

Leiter:
Wolfgang Ludewig

Öffnungszeiten:
Nach Vereinbarung.

Findhilfsmittel:
Kartei.

Geschichte des Archivs:
Die Sammlung wurde 1949 von Georg Geißler gegründet und nach seinem Tod (1982) nicht mehr fortgeführt.

Bestände:
Überwiegend Zeitungsausschnitte, vereinzelt Ausstellungskataloge von Kunstvereinen, Material über Künstlervereinigungen, Galerien und Künstler im Rhein - Neckar - Raum.

Universitätsarchiv Mannheim

Anschrift
Schloß, 68131 Mannheim, Tel. 0621/2923182

Archivträger:
Universität Mannheim

Leiter:
Dieter Neureuter

Öffnungszeiten:
Nach Vereinbarung.

Deutsches Kabarettarchiv Mainz

Anschrift:
Rheinstr. 48, 55116 Mainz,
Tel. 06131/231695/75

Archivträger:
Stadt Mainz

Leiter:
Jürgen Kessler

Öffnungszeiten:
Mo-Fr 9-12 Uhr.

Findhilfsmittel:
Beständeübersicht und Karteien.

Bibliothek:
Präsenzbibliothek mit ca. 16.000 Bänden zu den Themen Kabarett, Satire, Chanson

Geschichte des Archivs:
Das Deutsche Kabarett-Archiv wurde 1958 von Reinhard Hippen gegründet. Seit 1961 hat es seinen Sitz in Mainz und wurde 1989 von der Stadt Mainz übernommen. Die Stiftung Deutsches Kabarett Archiv betreibt die archivarische Erfassung und wissenschaftliche Erschließung der Kabaretts und kabarettistischen Veranstaltungen sowie des Chansons und des politischen Liedes ab 1901 im deutschen Sprachraum und ab 1881 bei den französischen Vorläufern. Ferner werden satirische Rundfunk- und Fernsehprogramme dokumentiert.

Bestände:
Schall- und Videoarchiv, Plakat-, Zeitschriften- und Notensammlungen. Den Kern des Archivs bildet die Sammlung zum Thema Kabarett aus Deutschland, der DDR, Österreich und der Schweiz sowie des deutschsprachigen Exils. Darunter sind Handschriften, Text- und Regiebücher, Pressestimmen, Kritiken, Szenenbilder, Fotos, Programmhefte etc. Zu den Einzelformen des Kabaretts bestehen historische Sammlungen, z.B. zum politischen Lied im Bauernkrieg, dem Vormärz, dem Bänkelsang, dem Minnesang, dem erotischen Volkslied sowie zu den Themen Dadaismus, Surrealismus und Aktionismus. Ferner bestehen Spezialsammlungen zu Satire, Ironie, Nonsense, Witz, Agitprop, Straßentheater, Antitheater, Freie Theatergruppen, Songgruppen, Chanson- und Folklorefestivals.

Archiv der Kant-Gesellschaft, Mainz

Anschrift:
Jakob-Welder-Weg 18, 55128 Mainz,
Tel. 06131/392793

Leiter:
Dr. Manfred Kleinschnieder

Universitätsarchiv Mainz

Anschrift:
Forum 2, Postfach 3980, 55099 Mainz,
Tel. 06131/395959, Fax 06131/2919, E-Mail: siggemann@verwaltung.uni-Mainz.de

Archivträger:
Universität Mainz

Leiterin:
Dr. Jürgen Siggemann

Öffnungszeiten:
Mo-Fr 8-12 Uhr.

Findhilfsmittel:
Beständeübersicht, Findbücher, bestandsübergreifende Personenregister, Register der Institutionen und Korporationen mit Bezug zur Universitätsgeschichte.

Bibliothek:
Präsenzbibliothek mit ca. 500 katalogisierten Bänden, tatsächlich geschätzter Umfang ca. 3.000 Bände und ca. 200 Zeitschriften.

Veröffentlichungen des Archivs:
Nachweise im jeweils aktualisierten Jahresbericht.

Geschichte des Archivs:
Das Archiv wird seit 1981 hauptamtlich vom jetzigen Leiter betreut, dem ein 1985 vom Präsidenten der Universität berufener Archivbeirat zur Seite steht. Geschäftsführer des Archivbeirates ist der Archivleiter. Vorher wurde das Archiv nebenamtlich bzw. kommissarisch (1974-1981) betreut und durch eine Archivkommission gegründet.

Bestände:
Schriftgut der Johannes Gutenberg - Universität ab 1946, wenig Schriftgut aus der Zeit von 1781-1945 (Universitätsfonds), Ersatzdokumentation zur Geschichte der alten 1477 gegründeten Universität, Nachlässe Mainzer Professoren, Plakat-, Lichtbild-, Zeitschriften- und andere Sammlungen und Selekte zur Universitätsgeschichte.

Schiller - Nationalmuseum / Deutsches Literaturarchiv, Marbach

Anschrift:
Schillerhöhe 8-10, 71672 Marbach a.N.;
Tel. 07144/8480, Fax 07144/848299

Archivträger:
Deutsche Schillergesellschaft e.V.

Leiter:
Dr. Ulrich Ott

Öffnungzeiten:
Mo-Fr 8.30-17.30 Uhr, Voranmeldung erbeten.

Findhilfsmittel:
Zettelkataloge, Repertorien und Inventare.

Bibliothek:
Die Bibliothek ist eine an den auswärtigen Leihverkehr angeschlossene Spezial- und Präsenzbibliothek für neuere deutsche Literatur und Literaturwissenschaft von der Aufklärung bis zur Gegenwart mit ca. 410.000 Bänden und über 900 Zeitschriften.

Veröffentlichungen:
O. Güntter, Mein Lebenswerk, Stuttgart 1948 (Veröffentlichungen der Deutschen Schillergesellschaft 17 mit Kurzcharakteristiken der Altbestände). Marbacher Chronik, Zur Geschichte der Deutschen Schillergesellschaft, des Schiller-Nationalmuseums und des Literaturarchivs 1953-1979, 2.Aufl. Marbach a.N. 1979 (Dt. Literaturarchiv. Verzeichnisse, Berichte, Informationen. 8). Deutsches Literaturarchiv - Schiller-Nationalmuseum, Die Institute der Deutschen Schillergesellschaft, vorgestellt von den Mitarbeitern, Marbach a.N. 1982 (Marbacher Schriften 17). L. Lohrer, Bestandsverzeichnis des Cotta-Archivs, Stuttgart 1963 (Veröffentlichungen der Deutschen Schillergesellschaft 25). I. Kussmaul, Die Nachlässe und Sammlungen des Deutschen Literaturarchivs Marbach am Neckar. Ein Verzeichnis. Marbach a.N., 2.Aufl. 1983 (Deutsches Literaturarchiv. Verzeichnisse, Berichte, Informationen 10).

Geschichte des Archivs:
Das Schiller - Nationalmuseum wurde vom Schwäbischen Schillerverein gegründet und 1903 eröffnet. Das Sammelgebiet konzentrierte sich zunächst auf Schiller und die schwäbische Geistesgeschichte, erweiterte sich später, vor allem durch die Stiftung der Cotta'schen Handschriftensammlung, und umfaßt heute die gesamte deutsche Literatur und Literaturwissenschaft seit der Aufklärung mit angrenzenden Gebieten. Das Deutsche Literaturarchiv wurde 1955 gegründet, bezog 1972 ein neues Gebäude und 1993/4 einen Erweiterungsbau. 1993 wurde das Collegienhaus als Gästehaus eröffnet.

Bestände:
Das Literaturarchiv gliedert sich in die Museums-Abteilung und vier Abteilungen mit eigenen Sammlungen: Handschriften-Abteilung, Cotta-Archiv, Bibliothek mit Dokumentationsstelle sowie Bild-Abteilung. Angeschlossen sind eine Reihe von Einzelarchiven, die neben handschriftlichen Materialien in sich geschlossene Sammlungen der Literatur von und über die einzelnen Autoren enthalten. Nachlässe, Sammlungen, Verlags- und Redaktionsarchive, Einzelautographen, Cotta-Archiv (Verlagsarchiv 1790-1940) mit Briefen, Manuskripten, Geschäftsbüchern, Bänden der Verlagsproduktion, Redaktionsexemplaren der großen Zeitschriften, Sammlungen zu Autoren, Dichter-, Sammler- und Verlagsbibliotheken, Autographen- und Antiquariats - Katalogsammlung, Zeitungsausschnitte, Theaterprogramme und Rundfunkmanuskripte, Schallarchiv, Videothek, Gemälde, Miniaturen, Zeichnungen, Silhouetten, Druckgraphiken, Photographien, Skulpturen, Büsten, Totenmasken, Buchumschläge und Erinnerungsstücke.
Das Schiller-Nationalmuseum zeigt ständige und wechselnde Ausstellungen zur schwäbischen und allgemeinen deutschen Literaturgeschichte.

Deutsches Spiele - Archiv, Marburg

Anschrift:
Ketzerbach 21 1/2, 35037 Marburg/Lahn,
Tel. 06421/62728, Fax 06421/65637

Archivträger:
Eingetragener Verein (gemeinnützig)

Leiter:
Dr. Bernward Thole

Öffnungszeiten:
Mo-Fr 9-12 Uhr und nach Vereinbarung.

Findhilfsmittel:
EDV-Datenbank.

Bibliothek:
Präsenzbibliothek mit ca. 3.500 Bänden, Zeitschriften und Katalogen.

Veröffentlichungen des Archivs:
"fachdienst spiel", 6 Hefte pro Jahr.

Geschichte des Archivs:
Das Deutsche Spiele-Archiv wurde 1985 eröffnet. Es hat sich zum Ziel gesetzt, die Spielproduktion der Neuzeit umfassend zu dokumentieren. In den von der Stadt Marburg zur Verfügung gestellten Räumen sowie in der Außenstelle Haar ist eine der größten Sammlungen von Spielen, Brettspielen, Kartenspielen und elektronischen Spielen untergebracht. Das Archiv will über dieses Material und seine Datenbank, aber auch über Symposien und Workshops, Ausstellungen und Publikationen zu einer intensiven wissenschaftlichen und publizistischen Beschäftigung mit dem Spiel, zum Austausch von Forschungserkenntnissen und Praxiserfahrung beitragen.

Bestände:
Spiele, Spielkarten, Spiel-Accessoirs, Kataloge, Zeitschriften, Bücher, Realarchiv, Verlagsarchiv, Autorenarchiv.

Archiv des Herder - Instituts, Marburg

Anschrift:
Gisonenweg 5-7, 35037 Marburg/Lahn,
Tel. 06421/184O, Fax 139

Archivträger:
Herder-Institut e.V.

Leiter:
Dr. Peter Wörster

Öffnungszeiten:
Mo-Do 8.15-16.30, Fr 8.15-15 Uhr.

Findhilfsmittel:
Bestandskartei entsprechend den nach Ländern und Landschaften gegliederten Beständen (Originale), innerhalb der regionalen Bestände herrscht der "numerus currens". Sonderkartei der von den Baltischen Archivfilmen rückvergrößerten Bestände (= Kopienarchiv). Chronologischer Katalog aller Baltica. Schlagwortkatalog, Findbücher der Nachlässe und Familienarchive. Beständeübersichten für einzelne Landschaften sind in Vorbereitung. Zentralkatalog von Quellen zur Geschichte der historischen deutschen Ostgebiete sowie Ostmittel- und Osteuropas in Archiven der alten Bundesländer.

Bibliothek:
Präsenzbibliothek im Katalogsaal, sonst Leihbibliothek mit ca. 300.000 Bänden. Sammelschwerpunkt sind Länder und Völker in Ostmitteleuropa. Das Herder-Institut hat außerdem eine spezielle Kartensammlung (mit etwa 27.500 Kartenblättern).

Veröffentlichungen des Archivs:
Übersichten über Prussica und Baltica des Archivs wurden veröffentlicht. Ausführliche Bestandsverzeichnisse in Vorbereitung.

Geschichte des Archivs:
Das Archiv wurde 1950 als eine Abteilung des Herder-Instituts eingerichtet. 1950-1973 von Staatsarchivdirektor Kurt Dülfer mitbetreut, 1973-1977 von Archivrätin Inge Auerbach und seit 1977 von Peter Wörster geleitet. Der Um-

fang der Bestände hat sich seit der Mitte der 70er Jahre bis heute verzehnfacht. Regional zuständig für die Länder Ostmitteleuropas, vor allem für die baltischen Länder.

Bestände:
Urkunden aus Schlesien, Liv-, Est- und Kurland, der Companie der Schwarzen Häupter zu Riga, aus der Lausitz u.a., Ersatzdokumentationen zum Stadtarchiv Riga, Staatsarchiv Riga, Zentralarchiv Dorpat, Stadtarchiv Reval, Compagnie der Schwarzen Häupter zu Riga, deutschsprachiger kirchlicher Dienst nach 1945, nach der Umsiedlung der Deutschbalten 1940 angefertigte Baltische Mikrofilme aus Riga, Dorpat und Reval, Nachlässe und Familienarchive, Sammlungen von Plakaten, Bildern, Zeitungsausschnitten.

Lichtbildarchiv älterer Originalurkunden bis 1250, Marburg

Anschrift:
Wilhelm-Röpke-Straße 6c, 35032 Marburg, Tel. 06421/284566, Fax 06421/282324

Träger:
Phillipps-Universität Marburg

Leiter:
Prof. Dr. Peter Rück

Öffnungszeiten:
Mo-Fr 10-17 Uhr.

Findhilfsmittel:
Karteien und EDV-Datenbank.

Bibliothek:
Nur Handapparat mit ca. 100 Bänden.

Veröffentlichungen des Archivs:
Heinrich Meyer zu Ermgassen, Das Lichtbildarchivs älterer Originalurkunden in Marburg. Aufgaben, Arbeitsweisen und Stellung in der Geschichte der Urkundenfaksimile, in: Fotografische Sammlungen mittelalterlicher Urkunden in Europa, hrsg. von Peter Rück, Sigmaringen 1989.

Geschichte des Archivs:
Die Sammlung wurde 1927 durch Edmund E. Stengel gegründet und ist am Lehrstuhl für Historische Hilfswissenschaften angegliedert.

Bestände:
Sammlung mit ca. 40.000 fotographischer Aufnahmen von Originalurkunden aus der Zeit vor 1250 sowie Negative.

Universitätsarchiv Marburg

Anschrift:
Hessisches Staatsarchiv Marburg, Friedrichsplatz 15, 35037 Marburg, Tel. 06421/25078, Fax 06421/161125

Archivträger:
Staatsarchiv/Philipps-Universität Marburg

Leiterin/Dezernentin:
Frau Prof. Dr. I. Auerbach

Öffnungszeiten:
Mo-Fr 9-13 und 14-17 Uhr.

Findhilfsmittel:
Beständeübersicht des StA Marburg und Ablieferungsverzeichnisse.

Bibliothek:
Präsenzbibliothek.

Geschichte des Archivs:
Beständeüberlieferung der Fakultäten lückenhaft, Ergänzung aus den Beständen der vorgesetzen Behörden (im StA) möglich. Einzelne Institute werden nicht übernommen. Nachlässe sammelt die Universitätsbibliothek. Personalakten, Promotions-, Habilitations- und Magisterprüfungsakten. Ferner Reste der aufgelösten Universitäten Rinteln und Kassel, die Überlieferung über die darmstädtische Universität Marburg im Universitätsarchiv Gießen.

Bestände:
Rektor und Senat, Collegium Examinatorum, zuständig für Benefizien und Stipendien, Benefizieninspektion, Präsidentenamt mit Dokumenta-

tion, Mischbestand aus verschiedenen Provenienzen wie Generaldirektion des öffentlichen Unterrichts, von Rektor, Syndikus und Verwaltung, Fakultäten, Landkrankenhausdirektion, Literaturgesellschaft Marburg, Handakten des Vizekanzlers Robert, Pressestelle, Administrationskommission, Fakultäten ab 16. Jahrhundert, Ernst von - Hülsen - Haus, Universitätskasse, Kolleggelderlaß, Armutszeugnisse, ärztliche Prüfungskommission, Prüfungsamt Volkswirtschaft, Diplomprüfung Psychologie, Kurator / Verwaltungsdirektor / Kanzler, Rechnungen, Salbücher aus der vorreformatorischen Zeit, studentische Verbindungen, Allgemeiner Studentenausschuß, Marburger Universitätsbund e. V.

Zentralarchiv der deutschen Volkserzählung, Marburg

Anschrift:
Institut für europäische Ethnologie und Kulturforschung, Biegenstraße 9, 35037 Marburg, Tel. 06421/286516 oder 286516, Fax 06421/286515

Archivträger:
Phillipps-Universität Marburg

Leiter:
Dr. Siegfried Becker

Öffnungszeiten:
Nach Vereinbarung.

Findhilfsmittel:
Bandrepertorien und Karteien.

Bibliothek:
Präsenzbibliothek des Instituts mit ca. 40.000 Bänden.

Veröffentlichungen des Archivs:
Joachim Schwebe, Das Zentralarchiv des deutschen Volkserzählung in Marbug, in: Hessische Blätter für Volks- und Kulturforschung 18 (1985), S.187ff.

Geschichte des Archivs:
1936 in Berlin auf Anregung des Internationalen Erzählforschungskongresses in Lund Schweden (1935) gegründet. 1945 Verlegung nach Marburg und 1960 dem Institut angegliedert.

Bestände:
Nachlässe und Sammlungen zur Volkserzählung und transkribierte Texte aus handschriftlichen Sammlungen im deutschsprachigen Raum.

Max - Reger - Archiv, Meiningen

Anschrift:
Max-Reger-Archiv / Abteilung Musikgeschichte der Staatlichen Musees, Schloß Elisabethenburg, Schloßplatz 1, Postfach 221, 98605 Meiningen, Tel. 03693/36413, Fax 03693/3644

Archivträger:
Land Thüringen

Leiterin:
Herta Müller

Öffnungszeiten:
Nach Vereinbarung.

Findhilfsmittel:
Karteien vorhanden.

Bibliothek:
Präsenzbibliothek mit ca. 2.000 Bänden als Teil der Museumsbibliothek.

Veröffentlichungen des Archivs:
Nur im Rahmen der Publikationen der Staatlichen Museen Meiningen.

Geschichte des Archivs:
Das Max - Reger - Archiv wurde 1920 von der Witwe Reger gegründet. Es enthält den künstlerische Nachlaß des Komponisten, das Mobiliar seines Arbeitszimmers und persönliche Gegenstände. Ab 1922 befand sich das Archiv in Weimar und wurde von da 1946-1948 nach Meiningen übernommen, wo es zunächst Teil des Musikmuseums war. 1947 wurde das Musikmuseum mit dem Meininger Theatermuseum und den Kunstsammlungen zu den Meininger Kunstsammlungen zusammengeschlossen. Später wur-

den daraus die Meininger Museeen und 1962 die Staatlichen Museen Meiningen.

Bestände:
Urkunden, Fotos, Medaillen, Orden, Gemälde, Grafiken, Tonträger u.a. Nachlaß Max Reger, Akten der Max-Reger-Gesellschaft, Instrumentensammlung des Hennebergischen altertumsforschenden Vereins (gegr. 1832), Bibliothek der Meininger Hofkapelle und andere Musikernachlässe.

Sonderaufgaben:
Ausstellungstätigkeiten, Führungen, Konzertreihen, Matineen, Soireen, Kolloquien und Weiterbildungsveranstaltungen.

Hochschularchiv Mittweida

Anschrift:
Technikumplatz 17, 09642 Mittweida,
Tel. 03727/581427, Fax 03727/581379

Archivträger:
Hochschule für Technik und Wirtschaft Mittweida

Leiterin:
Dr. Marion Stascheit

Öffnungszeiten:
Di-Fr 8-11 und 13-15 Uhr.

Findhilfsmittel:
Repertorien, Findkarteien, Spezialinventare.

Bibliothek:
Präsenzbibliothek mit 85 Bänden.

Veröffentlichungen des Archivs:
M. Stascheit / A.Hahn, Zum Gründungsjahr des Technikums Mittweida 1867/68 unter Berücksichtung der Vorgeschichte, Mittweida 1989. M. Stascheit / A.Hahn, Die 25-Jahrfeier des Technikums Mittweida 1892 und wichtige Etappen bis zu diesem Jubiläum, Mittweida 1990. M. Stascheit / A. Hahn, Zur Geschichte der Unterrichtsgebäude des Technikums Mittweida im Zeitraum 1867 - 1900, Mittweida 1990. J.-P. Domschke / A. Hahn / H. Hofmann / K. Saß / M. Stascheit / W. Stascheit, Vom Technikum zur Hochschule - 125 Jahre technische Bildung in Mittweida, Mittweida 1992. J.-P. Domschke / A. Hahn / H. Hofmann / K. Saß / M. Stascheit / W. Stascheit, 100 Jahre Electrotechnisches Institut für die Ingenieursausbildung in Mittweida, Mittweida 1994.

Geschichte des Archivs:
Seit Gründung als private technische Lehranstalt 1867 wurden Dokumente, Bilder und Gegenstände gesammelt und aufbewahrt. Mit dem sporadischen Aufbau eines Archives wurde 1970 begonnen. Seit 1985 ist das Archiv zentral untergebracht, unter wissenschaftlicher Leitung und zuständig für die Hochschule für Technik und Wirtschaft und ihre Vorgängereinrichtungen (Technikum/Ingenieurschule/Ingenieurhochschule Mittweida).

Bestände:
Direktion, Rektorat, Fachbereiche, Studienunterlagen, Prüfungsakten, Personalakten, Zeichnungen, Fotos, Filme, Dias und museales Sammlungsgut.

ADAC - Bibliothek, München

Anschrift:
Am Westpark 8, 81373 München,
Tel. 089/76766068, Fax 089/76762500

Archivträger:
ADAC

Leiter:
Gerhard Mordhorst

Öffnungszeiten:
Nach Vereinbarung.

Bibliothek:
Präsenzbibliothek mit ca. 50.000 Bänden zum Verkehrswesen.

Geschichte des Archivs:
Altbestand von Bibliothek und Archiv sind nach

der Beschlagnahme durch die Alliierten im Jahr 1945 verschollen. Hans Christoph Graf von Scherr - Thoss hat 1954 die Bibliothek neu aufgebaut. Ersatzüberlierferungen und Schenkungen durch Funktionäre und Mitglieder.

Archiv der Bayerischen Akademie der Wissenschaften, München

Anschrift:
Marstallplatz 8, 80539 München,
Tel. 089/23031104

Archivträger:
Bayerische Akademie der Wissenschaften

Leiter:
Dr. Reinhard Heydenreuter

Öffnungszeiten:
Mi 9-16, Do 13-16 und nach Vereinbarung.

Findhilfsmittel:
Zettelrepertorien.

Geschichte des Archivs:
Das Archiv ist seit 1786 nachweisbar (Akademiegründung 1756), aber 1944 wurden fast alle Archivalien mit Ausnahme der Sitzungsprotokolle ab 1850 vernichtet.

Bestände:
Sitzungsprotokolle, wissenschaftliche Sammlungen, Nachlässe von Akademiemitgliedern.

Deutsches Bucharchiv, München

Anschrift:
Frans-Hals-Str. 4, 81479 München,
Tel. 089/7901220, Fax 089/7901419

Archivträger:
Stiftung Deutsches Bucharchiv

Leiter:
Prof. Dr. Ludwig Delp

Öffnungszeiten:
Nach Vereinbarung.

Findhilfsmittel:
Alphabetischer und systematischer Katalog, seit 1993 Umstellung auf EDV.

Bibliothek:
Präsenzbibliothek mit ca. 26.000 Monographien, 180 Zeitschriften.

Veröffentlichungen des Archivs:
Buchwissenschaftliche Beiträge.

Geschichte des Archivs:
Die Gründung erfolgte 1948 als gemeinnützige Stiftung zur Förderung buchwissenschaftlicher Forschung und zur Dokumentation des (vorwiegend deutschsprachigen) Schrifttums über das Buch- und Zeitschriftenwesen. Aufgabe des Bucharchivs ist die inhaltliche Erschließung und Auswertung dieses Schrifttums.

Bestände:
Materialien und Sammlungen grauer Literatur zu allen Bereichen des Buch- und Zeitschriftenwesen, Autoren, Verlage, Zulieferer, Buchhandel, Bibliothekswesen, Leserschaftsfragen, neue Medien.

Archiv des Deutschen Museums, München

Anschrift:
Museumsinsel 1, 80538 München,
Tel. 089/2179220, Fax 089/2179324

Archivträger:
Deutsches Museum (Stiftung des öffentliches Rechts)

Leiter/in:
Dr. Wilhelm Füßl und Dr. Eva A. Mayring

Öffnungszeiten:
Mo-Fr 9-17 Uhr.

Findhilfsmittel:
Beständeübersichten zum Verwaltungsarchiv des

Deutschen Museums, zu Nachlässen, Firmenarchiven, Luft- und Raumfahrtdokumentationen, Plansammlung, Kartei zu Handschriften, Porträtsammlung, Firmenschriften, Kartensammlung, teilweise gedruckte Repertorien.

Bibliothek:
Zur Verfügung steht die Bibliothek des Deutschen Museums als Präsenzbibliothek mit ca. 800.000 Bänden zur Geschichte der Naturwissenschaft und der Technik.

Veröffentlichungen:
R. Heinrich, Die Sondersammlungen und Archive des Deutschen Museums, in: Archiv und Wirtschaft 21 (1988), S.47-52. W. Füßl / Eva A. Mayring, Eine Schatzkammer stellt sich vor, Das Archiv des Deutschen Museums zu Naturwissenschaft und Technik, München 1994. W. Füßl / Eva A. Mayring, The Archives and Special Collections of the Deutsches Museum in Munich, in: Science and Technology Libraries, 1994. W. Füßl, Das Verwaltungsarchiv des Deutschen Museums, in: Archiv und Wirtschaft, 1994. Eine Reihe von Veröffentlichungen zu einzelnen Beständen des Archivs, Ausstellungskataloge.

Geschichte des Archivs:
Die Geschichte des Archivs beginnt mit der Gründung des Deutschen Museums im Jahr 1903. Es ist heute das führende Spezialarchiv zur Geschichte der Naturwissenschaft und Technik. Archiviert werden Materialien aus allen Bereichen der Natur- und Technikgeschichte ohne Biowissenschaften und Medizin. Thematische Schwerpunkte bilden Verkehrswesen, Luft- und Raumfahrt sowie Physik- und Chemiegeschichte des 19. und 20. Jahrhunderts. Im Aufbau befinden sich Sammlungen zur Informatik, zur Mikroelektronik und zu den elektronischen Nachrichtensystemen.

Bestände:
Urkunden, Einzelhandschriften, Buchhandschriften, Nachlässe prominenter Erfinder, Techniker, Ingenieure und Naturwissenschaftler, Archive von Firmen, Polytechnischer Verein in Bayern, Gesellschaft Deutscher Naturforscher und Ärzte, Atlantropa, Remington-Rand, Bildstelle, Fotosammlungen, Verwaltungsarchiv des Deutschen Museums, Sammlungen technischer Zeichnungen, Pläne, Karten, Firmenschriften, Produktbeschreibungen, Prospekte, Kataloge, Anleitungen, Preislisten, Ersatzteillisten, Werk- und Personalzeitschriften, Luft- und Raumfahrtdokumentationen, Porträts führender Wissenschaftler, Techniker, Erfinder, Büsten, Medaillensammlung, Filme, Videos, Schallplatten, Tonbänder, Kassetten, Papiergeschichtliche Sammlung aus Korrespondenzen, Musterbüchern, Papierproben, Buntpapieren, graue Literatur wie z.B. BIOS-, CIOS-, FIAT-Reports (Teilbestände), wissenschaftliche Berichte (ZWB).

Archiv des Deutschen Theatermuseums, München

Anschrift:
Galeriestraße 4A, 80539 München,
Tel. 089/222449, Fax 089/29160789

Archivträger:
Freistaat Bayern

Leiter:
Dr. Eckehart Nölle

Öffnungszeiten:
Nach Vereinbarung.

Findhilfsmittel:
Kateien, EDV, Findbücher und Zugangsverzeichnisse.

Bibliothek:
Präsenzbibliothek zur Theaterliteratur mit ca. 110.000 Bänden.

Veröffentlichungen des Archivs:
Zahlreiche Veröffentlichungen zu Einzelthemen. Eckehart Nölle, Das Deutsche Theatermuseum, in: Weltstadt der Musik, Leuchtendes München, hg. von August Everding, Wien 1990, S.182ff. Sonja Luyken, Deutsches Theatermuseum München. Der Letzte Wille einer Schauspielerin, in. Theater-Rundschau 37 (1991), S.5f.

Geschichte des Archivs:
Vermögen und Erinnerungsstücke der königlich-bayerischen Hofschauspielerin Clara Ziegler (1844-1909 bilden den Grundstock, der ständig ergänzt wurde. 1944 erlitt die Einrichtung nur wenig Kriegsverluste und konnte 1953 wiedereröffnet werden. 1979 wurde sie in eine staatliche Stiftung umgewandelt.

Bestände:
Nachlässe und Sammlungen von Schauspielern und Theaterarchitekten , Sammlungen von Fotos, Rollen, Bühnenbilder- und Kostümentwürfen, Autographen, Programmhheften, Kritiken, Masken, Plakaten, Medaillen, Gemälden, Videos u.v.a.m.

Archiv des Instituts für Zeitgeschichte, München

Anschrift:
Leonrodstr 46 b, 80636 München,
Tel. 089/126880, Fax 089/1231727

Archivträger:
Stiftung zur wissenschaftlichen Erforschung der Zeitgeschichte

Leiter:
Dr. Werner Röder

Öffnungszeiten:
Mo-Fr 8.30-16.30, Fr 8.30-16 Uhr.

Findhilfsmittel:
Nachweis der Bestände in einem Generalkatalog, die Unterlagen der Nürnberger Prozesse und die OMGUS-Akten sind durch eigene Kataloge, Nachlässe und verfilmte Bestände in der Regel durch Findbücher erschlossen. Ein Katalog der Quellen der deutschsprachigen Emigration 1933-1945 weist einschlägige Unterlagen in deutschen und ausländischen Sammlungen nach. In den Generalkatalog ist ein Hitler-Itinerar integriert. Ein Handapparat mit Archivführern, Bestandsübersichten und Findbüchern anderer Archive und Dokumentationsstellen steht allen Benutzern zur Verfügung.

Bibliothek:
Präsenzbibliothek mit ca. 130.000 Bänden zur deutschen und europäischen Zeitgeschichte, über 300 Fachzeitschriften.

Veröffentlichungen:
A. Hoch, Das Archiv des Instituts für Zeitgeschichte, in: Der Archivar 26 (1973), Sp. 295-308. W. Röder, Die archivalischen Sammlungen im Institut für Zeitgeschichte in München, in: Der Archivar 38 (1985), Sp.415-424. Ders., Forschungsbericht "Das Archiv des Instituts für Zeitgeschichte München", in: AHF-Jahrbuch der historischen Forschung 1993, München 1994, S.46-53.

Geschichte des Archivs:
1949/50 wurde das "Deutsche Institut für Geschichte der nationalsozialistischen Zeit" durch den Bund und das Land Bayern mit Abteilungen für Dokumentation/Archiv und Präsenzbibliothek gegründet und 1952 in "Institut für Zeitgeschichte" umbenannt. 1961 wird unter Beteiligung weiterer Bundesländer eine öffentliche Stiftung bürgerlichen Rechts als Träger des Instituts konstitutiert. 1972 zieht das Institut in einen Zweckbau mit Turmmagazin. Das Archiv erhält 1989 ein vollklimatisiertes Kellermagazin mit Fahrregalanlage und einen zweiten Lesesaal.

Bestände:
Sammlungszeitraum ca. 1918-1990 mit Nachlässe überwiegend von Politikern, Offizieren, Journalisten, Schriftstellern und Emigranten, ungedruckte Memoirenliteratur, Interviews, Zeitzeugenberichte, Druckschriften von Behörden, politischen Organisationen, Einrichtungen des öffentlichen Lebens, Zeitungen, chronologisch geordnetete Sammlung von Zeitungseinzelnummern, Sammlungen von Zeitungsausschnitten, Plakaten und Karten, Mikrofilme der Behörden und Einrichtungen des Dritten Reiches einschließlich NSDAP und Wehrmacht; Kopien von Urteilen aus politischen Prozessen, überwiegend vor dem Volksgerichtshof, Akten amerikanischer Behörden und Dienststellen, überwiegend Besatzungsbehörden (OMGUS-Akten), soweit sie für die

deutsche Zeitgeschichte von Bedeutung sind. Urteilssammlung von Prozessen vor deutschen und ausländischen Gerichten gegen NS-Straftäter und Kriegsverbrecher, Verfahrensunterlagen zu den Nürnberger Prozessen. Bild- und Tonträger werden nicht gesammelt.

Archiv und Lesegesellschaft Frauen in Geschichte und Gegenwart, München

Anschrift:
Hirschgartenallee 27, 80639 München,
Tel. 089/17809090, Fax 089/17809091

Leiterin:
Melitta Walter

Archiv der Stiftung Maximilianeum, München

Anschrift:
Stiftung Maximilianeum, 81627 München,
Tel. 089/21922619 oder 4194440

Archivträger:
Stiftung Maximilianeum

Leiter:
Hans Angerer

Findhilfsmittel:
Alphabetische und chronologische Ordnung.

Bibliothek:
Studienbibliothek mit ca. 10.000 Bänden.

Veröffentlichungen des Archivs:
Verzeichnis der Maximilianer.

Bestände:
Schriftgut und biographische Materialien der Maximilianer seit ca. 1880, Protokolle der Aufnahmeprüfungen.

Sudetendeutsches Archiv, München

Anschrift:
Hochstraße 8/II, 81669 München,
Tel. 089/48000330, Fax 089/48000338

Archivträger:
Sudentendeutsches Archiv e.V.

Leiter:
Dr. Roland Hoffmann

Öffnungszeiten:
Mo-Do 9-12 und 14-16.30 Uhr, Fr 9-12 Uhr.

Findhilfsmittel:
Beständeübersicht, Repertorien, Karteien, Inventare.

Bibliothek:
Präsenzbibliothek mit ca. 110.000 Bänden zur Geschichte der Sudetendeutschen.

Veröffentlichungen des Archivs:
Veröffentlichungen des Sudetendeutschen Archivs, Mitteilungen des Sudetendeutschen Archivs, Jahrbuch für sudetendeutsche Museen und Archive.

Geschichte des Archivs:
Das Archiv wurde 1955 gegründet, um Grundlagenmaterial, Drucksachen, Bilder usw. zur Geschichte der Sudetendeutschen zu sammeln.

Bestände:
Akten von sudetendeutschen Organisationen, Sammlungen von Bildmaterialien, Biographien, Karten, Graphiken, Wappen, Nachlässe.

Universitätsarchiv München

Anschrift:
Geschwister-Scholl-Platz 1, 80539 München,
Tel. 089/21802336

Archivträger:
Ludwig-Maximilians-Universität München

Leiterin:
Prof. Dr. Laetitia Boehm

Universitätsarchiv der Ukrainischen Freien Universität München

Anschrift:
Pienzenauerstraße 15, 81679 München,
Tel. 089/986928 und 980372, Fax 089/9810263

Leiter:
Dr. Dymitrij Zlepko

Archiv der Philosophisch - Theologischen Hochschule der Franziskaner und Kapuziner, Münster

Anschrift:
Hörsterplatz 4, 48147 Münster, Tel. 0251/40081

Leiter:
Prof. Dr. Ildefons Vandenheyden

Universitätsarchiv Münster

Anschrift:
Steinfurter Str. 107, 48149 Münster,
Tel. 0251/832099, Fax 0251/832090

Archivträger:
Westfälische Wilhelms-Universität

Leiter:
Prof. Dr. Wilhelm Kohl

Öffnungszeiten:
Mo-Fr 8.30-12.30 und nach Vereinbarung.

Findhilfsmittel:
Beständeübersicht, Karteien, Repertorien, Ablieferungslisten.

Bibliothek:
Präsenzbibliothek mit ca. 3.500 Bänden mit Schwerpunkt Universitätsgeschichte Münster

Geschichte des Archivs:
Das Universitätsarchiv Münster wird erstmals im Jahre 1912 als eigenständige Institution erwähnt. Vorausgegangen war die Erhebung der damaligen Akademie zur Universität bzw. die Neugründung der Universität im Jahre 1902. In den Jahren 1780-1818 hatte in Münster eine Universität bestanden, von der nur die (Katholisch)- Theologische und die Philosophische Fakultät verblieben waren. Das Universitätsarchiv ist seit 1979 hauptamtlich besetzt und für alle Dienststellen zuständig, mit Ausnahme der Krankenblätter. Das Universitätsarchiv erfüllt gleichzeitig die Aufgaben eines Verwaltungsarchivs. Mit der Integration der Pädagogischen Hochschule in die Universität im Jahre 1980 übernahm das Universitätsarchiv auch deren Überlieferung.

Bestände:
Alte Universität, Kurator, Theologisch - Philosophische Lehranstalt, Akademie, Rektorat, Neue Universität mit Rektorat, Evangelisch - Theologische Fakultät, Katholisch-Theologische Fakultät, Rechts- bzw. Rechts- und Staatswissenschaftliche Fakultät, Medizinische Fakultät, Philoso-phische Fakultät, Mathematisch - Naturwissenschaftliche Fakultät.

Westpreußen - Archiv, Münster

Anschrift:
Westpreußisches Landesmuseum, Am Steintor 5, 48167 Münster, Tel. 02506/2550

Archivträger:
Erik-von-Witzleben-Stiftung zur Pflege altpreußischer Kultur

Leiter:
Dr. Martin Steinkühler

Öffnungszeiten:
Nach Vereinbarung.

Bibliothek:
Präsenzbibliothek.

Geschichte des Archivs:
Hervorgegangen ist die Einrichtung aus der Archivaliensammlung des Westpreußischen

Landesmuseums, das seit 1975 besteht. In diesen Bestand ist die Sammlung kulturhistorischer Objekte der Landsmannschaft Westpreußen integriert worden. Sammlungsgebiete sind Dokumente aus der Provinz Westpreußen und Nachlässe.

Bestände:
Dokumente und Materialien, Nachlässe und Fotos. Ansichtskarten und Karten sind Bestandteil der Bestände des Westpreußischen Landesmuseums.

Archiv Augustana - Hochschule, Neuendettelsau

Anschrift:
Augustana-Hochschule, Waldstr. 11, 91564 Neuendettelsau, Tel. 09874/5090, Fax 0987/5095

Archivträger:
Augustana-Hochschule Neuendettelsau

Leiter:
Prof. Dr. Wolfgang Sommer

Öffnungszeiten:
Nach Vereinbarung.

Geschichte des Archivs:
Das Archiv existiert seit der Gründung der Hochschule 1947.

Bestände:
Sammlungen zu Geschichte, Lehre, Studium und Verwaltung der Hochschule.

Karbe - Wagner - Archiv, Neustrelitz

Anschrift:
Schloßstr. 3, 17235 Neustrelitz, Tel. 03981/200489

Archivträger:
Stadt Neustrelitz

Leiter:
Harald Witzke

Öffnungszeiten:
Di 13-18, Mi-Do 13-16 Uhr.

Findhilfsmittel:
Beständeübersicht, Inventare.

Bibliothek:
Präsenzbibliothek mit ca. 16.000 Bänden zur mecklenburgischen Geschichte.

Veröffentlichungen des Archivs:
Schriftenreihe 1965-1973.

Geschichte des Archivs:
Das Karbe-Wagner-Archiv (KWA) wurde 1956 von Frau Annalise Wagner (1903-1986) mit den Sammlungen des Heimatforschers und Konservators bei der Verwaltung der Neustrelitzer Schlösser sowie des Bibliothekars der Mecklenburg-Strelitzer Landesbibliothek Walter Karbe (1877-1956) als Privatarchiv gegründet. Frau Wagner fügte Materialien hinzu und erreichte 1965 die staatliche Anerkennung. Ihr Ziel war der Neuaufbau eines regionalgeschichtlichen Archivs als Ersatz für das 1934 nach Schwerin verlagerte Landesarchiv. 1973 wurde das Archiv der Stadt Neustrelitz geschenkt, von 1979-1988 war es Außenstelle des Historischen Bezirksmuseums Neubrandenburg und seit 1988 ist es wieder Eigentum der Stadt Neustrelitz.

Bestände:
Sammlungen von Autographen, Handschriften, Fotos, zeitgeschichtliche Dokumente.

Zentralarchiv der Deutschen Pfadfinderbewegung, Nordenham

Anschrift:
Hansingstraße 18, 26954 Nordenham, Tel. 04731/21714

Leiter:
Dieter Sawitzki

Archiv der Akademie der Bildenden Künste, Nürnberg

Anschrift:
Bingstr. 60, 90480 Nürnberg,
Tel. 0911/94004117

Archivträger:
Freistaat Bayern

Leiterin:
Martina Kemmsies

Öffnungszeiten:
Mo-Do 9-12 und 13-16, Fr 9-12 und 13-14 Uhr.

Findhilfsmittel:
Verfasser-, Schlagwort-, Künstlerkatalog.

Bibliothek:
Präsenzbibliothek mit ca. 21.800 Bänden und 40 Zeitschriften. Bibliothek für Kunstgeschichte, Malerei, Architektur, Plastik, Innenarchitektur und Design, Graphik und Photographie.

Bestände:
Sammlungen von Einblattmaterialien und Diapositiven.

Archiv des Feministischen Informations-, Bildungs- und Dokumentationszentrum, Nürnberg

Anschrift:
Gostenhofer Hauptstraße 50 RG, 90443 Nürnberg, Tel. 0911/270408

Archivträger:
FIBIDOZ e.V.

Leiterinnen:
Team

Öffnungszeiten:
Di 18-20, Mi 10-13 und Do 14-17 Uhr.

Findhilfsmittel:
Karteien.

Bibliothek:
Präsenz- und Leihbibliothek.

Veröffentlichungen des Archivs:
FIBIDOZ - Frauenspuren sichern. Eine Dokumentation über die Arbeit des FIBIDOZ 1985-1993, Nürnberg 1993.

Geschichte des Archivs:
1985 gegründet.

Bestände:
Sammlungen von Presseausschnitten, Manuskripten, unveröffentlichten Arbeiten und grauer Literatur.

Archive des Germanischen Nationalmuseums, Nürnberg

Anschrift:
Abteilungen Historisches Archiv und Archiv für Bildende Kunst des Germanischen Nationalmuseums, Kornmarkt 1, 90402 Nürnberg, Postfach 9580, 90105 Nürnberg, Tel. 0911/1331251, Fax 0911/1331200

Archivträger:
Germanisches Nationalmuseum (Stiftung des öffentlichen Rechts)

Leiterin:
Dr. Irmtraud Freifrau von Andrian-Werburg

Öffnungszeiten:
Di-Fr 9-16 Uhr.

Findhilfsmittel:
Beständeübersicht, Repertorien für Provenienzbestände z.T. vorhanden, Karteien für Sammlungen, Namens- und Sachkarteien.

Bibliothek:
Keine eigene Bibliothek, sondern Mitbenutzung der Bibliothek des Germanischen Nationalmuseums

Veröffentlichungen des Archivs:
Ausstellungskataloge der Reihe "Werke und Dokumente" (Archiv für Bildende Kunst)

Geschichte des Archivs:
Das historische Archiv wurde 1852 gegründet. Hervorgegangen ist es aus den Sammlungen des Freiherrn Hans von und zu Aufseß und dem Generalrepertorium zur deutschen Geschichts- und Altertumskunde. Sachlich zuständig ist es für die Akten des Germanischen Nationalmuseums und verwahrt Sammlungen aus dem gesamten deutschsprachigen Raum. Das Archiv für Bildende Kunst wurde 1964 gegründet als zentrale Sammelstelle für schriftliche Nachlässe aus dem Bereich der Bildenden Kunst, d.h. von Malern, Bildhauern, Architekten, Kunsthandwerkern, Kunsthistorikern, Kunstsammlern und Galeristen im deutschsprachigen Raum.

Bestände:
Abteilung Historisches Archiv: Urkunden, Autographensammlung, Adels- und Wappenbriefe, Arbeits- und Lehrbriefe, Huldigungs- und Gedenkadressen, Mandatensammlung, Sammlungen von Siegeln und Siegelstempeln, Akten und Bände verschiedener Provenienzen aus dem deutschsprachigen Raum mit Schwerpunkten Zunftwesen und Familienunterlagen, Teile von Provenienzbeständen der Reichsstädte Nürnberg, Regensburg, Windsheim, Kloster Brondolo, Laienbruderschaft Brixen, Herrschaft Wolkenstein--Rodenegg, Familie von Behaim; Deposita: Deutsches Glockenarchiv mit Karteikarten, Fotos, Gipsabgüssen, Klangaufnahmen und Materialien zu 1940-1943 beschlagnahmten Glocken, Pegnesischer Blumenorden, Collegium Pharmaceuticum in Nürnberg, Familienarchive;
Abteilung Archiv für Bildende Kunst: Zentralkartei von Künstlernachlässen und Nachlaßteilen an anderen Lagerorten.

Künstlerinnenarchiv, Nürnberg

Anschrift:
Stresemannplatz 2, 90489 Nürnberg,
Tel. 0911/581237

Archiv des Verkehrsmuseum, Nürnberg

Anschrift:
Lessingstr. 6, 90433 Nürnberg,
Tel. 0911/2192613, Fax 0911/2193740

Archivträger:
Bundeseisenbahnvermögen, Hauptverwaltung, Frankenallee 2-4, 60327 Frankfurt (Main)

Leiter:
Leiter des Verkehrsmuseums

Öffnungszeiten:
Mo-Mi 8-15.30, Do 8-15, Fr 8-14.30 Uhr.

Findhilfsmittel:
Beständeübersicht, Repertorien, Findbücher, Karteien, Inventare, spezielle Findhilfsmittel.

Bibliothek:
Präsenzbibliothek mit ca. 30.000 Bänden zum Thema Eisenbahn.

Geschichte des Archivs:
1908 als Aktenarchiv der Königlich-Bayrischen Staatseisenbahnen gegründet und im Verkehrsmuseum untergebracht. Es wurde stets von Mitarbeitern der Verkehrsverwaltungen gepflegt. Aufgrund des Bundesarchivgesetzes von 1988 veränderte sich die Aufgabenstellung, die Archivfunktion ging an staatliche Archive verloren, aber dafür verstärkte sich die Tätigkeit als Dokumentationsstelle.

Doktor - Eisenbarth - Archiv, Oberviechtach

Anschrift:
Ludwig Schieße, Am Schützenheim 5,
92526 Oberviechtach

Archivträger:
Stadt Oberviechtach

Leiter:
Ludwig Schieße

Öffnungszeiten:
Nach Vereinbarung.

Archiv der Lutherischen Theologischen Hochschule Oberursel

Anschrift:
Altkönigstraße 150, 61440 Oberursel,
Tel. 06171/24340

Archivträger:
Lutherisch Theologische Hochschule

Geschichte des Archivs:
Der Aufbau eines Archivs ist geplant.

Bestände:
Prüfungsakten zum Ersten und Zweiten Theologischen Examen und die Nachlässe Brunn und Wilhelm Oesch.

Helmers - Archiv / Universitätsarchiv Oldenburg

Anschrift:
Universitätsbibliothek Oldenburg, Postfach 2541, 26015 Oldenburg, Tel. 0441/7984040, Fax 25655, UNOL D, El.Mail: Uni-Oldenburg

Archivträger:
Carl von Ossiezky-Universität Oldenburg

Leiter:
Dr. Volker Segers

Öffnungszeiten:
Mo-Fr 9-16 Uhr, nach Vereinbarung.

Findhilfsmittel:
Online-Katalog für die Buchbestände, keine Findbücher und Inventare für die Akten und gegenständlichen Archivalien, Datenbank für Flugblätter ab 1974.

Bibliothek:
Präsenzbenutzung mit ca. 300 Bänden.

Geschichte des Archivs:
Seit Gründung der Universität 1974 hat das Bibliotheks- und Informationssystem Archivalien zur Geschichte der Universität gesammelt. Es bestehen Absprachen mit dem Staatsarchiv Oldenburg und den staatlichen Prüfungsämtern. Eine Institutionalisierung und eine dauerhafte personelle Absicherung ist noch nicht erfolgt. Verwaltungsakten werden zur Zeit noch bei der Universitätsverwaltung gelagert, sind bisher weder gesichtet noch bewertet.

Bestände:
Akten des Gründungsausschusses der Universität, Flugblattsammlung, Nachlaß von Prof. Dr. Helmers zur Geschichte der Universität Oldenburg und zur Geschichte der Lehrerbildung in Oldenburg, museales Sammlungsgut.

Frauenarchiv Osnabrück

Anschrift:
Alte Münze 12, 49074 Osnabrück,
Tel. 0541/23326

Leiterin:
Marion Hilkmann

Universitätsarchiv Paderborn

Anschrift:
Universität-Gesamthochschule Paderborn,
Warburger Str. 100, 33098 Paderborn,
Tel. 05251/603215, Fax 05251/603243

Archivträger:
Universität-Gesamthochschule Paderborn

Leiter:
Prof. Dr. W. Keim und Prof. Dr. D. Riesenberger

Öffnungszeiten:
Mo-Fr 9-12 Uhr.

Findhilfsmittel:
Findbücher und Bestandsübersicht.

Bibliothek:
Nur Handbibliothek.

Veröffentlichungen des Archivs:
20 Jahre Universität-Gesamthochschule Paderborn, eine Dokumentation zur Geschichte und Gegenwart", Paderborn 1993.

Geschichte des Archivs:
Seit 1989 wird das Hochschularchiv unter Leitung der Prof. Dr. W. Keim (Erziehungswissenschaft) und Dr. D. Riesenberger (Geschichte) aufgebaut. Es sichert die Überlieferung der Universität-Gesamthochschule Paderborn mit ihren Abteilungen sowie die ihrer Vorläuferinstitutionen. Zu diesen gehören die Pädagogische Akademie und spätere Pädagogische Hochschule, die Staatliche Ingenieurschule und spätere Fachhochschule, die Baugewerkschule und spätere Fachhochschule in Höxter, die Staatliche Ingenieurschule/Fachhochschule Meschede, die Landwirtschaftsschule und Staatliche Ingenieurschule und spätere Fachhochschule in Soest.

Bestände:
Akten, Risse, Pläne, Filme, Fotos, Plakate, "Flugblätter" und Interviewaufnahmen.

Universitätsarchiv Passau

Anschrift:
Dr.-Hans-Kapfinger-Straße 22, 94032 Passau

Archivträger:
Universität Passau

Geschichte des Archivs:
Ein Archiv ist im Aufbau.

Bestände:
Die noch geringen Bestände werden von der Registratur mitverwaltet.

Theodor - Fontane - Archiv, Potsdam

Anschrift:
Dortustraße 30734, 14467 Potsdam, Postfach 601545, 14415 Potsdam, Tel. 0331/22983

Archivträger:
Land Brandenburg

Leiter:
Dr. Manfred Horlitz

Öffnungszeiten:
Mo-Fr 9-16 Uhr.

Findhilfsmittel:
Kataloge.

Bibliothek:
Präsenzbibliothek mit ca. 5.000 Bänden.

Veröffentlichungen des Archivs:
Fontane-Blätter seit 1965 und Protokolle von Konferenzen. Joachim Schobeß, der Nachlaß Theodor Fontanes 1898-1965.

Geschichte des Archivs:
Aus Nachlaßteilen eines Sohnes des Dichters wurde das Archiv 1935 als öffentliche Einrichtung gegründet. Nach Kriegsverlusten war es zunächst Teil der Landes- und Hochschulbibliothek und 1969-1991 der Deutsches Staatsbibliothek Berlin (Ost) angegliedert. Seit 1992 ist es eine eigenständige Einrichtung des Landes Brandenburg.

Bestände:
Nachlaßteile Fontanes, Handschriften, Bücher, Zeitungsausschnittsammlungen, Video- und Audio-Aufzeichnungen zu Fontane.

Universitätsarchiv Potsdam

Anschrift:
Universität Potsdam, Postfach 601553, 14415 Potsdam, Tel. 0331/9771371 oder 9771691, Fax 0331/9771089

Archivträger:
Universität Potsdam

Leiter:
Ralf Müller

Öffnungszeiten:
Mo-Do 9-12.30 und 13-15, Fr 9-12.30 Uhr.

Findhilfsmittel:
Findkarteien, Abgabelisten.

Bibliothek:
Handbibliothek mit ca. 150 Bänden.

Geschichte des Archivs:
Das Archiv der Universität Potsdam ist hervorgegangen aus dem Archiv der Brandenburgischen Landeshochschule und dessen Vorgängereinrichtung, dem Archiv der Pädagogischen Hochschule in Potsdam, das im Juni 1965 eingerichtet wurde. Das Universitätsarchiv ist zuständig für die gesamte Universität und die Vorgängereinrichtungen, wie die Brandenburgische Landeshochschule, Pädagogische Hochschule "Karl Liebknecht", Institut für Lehrerbildung Cottbus, Hochschule für Recht und Verwaltung.

Bestände:
Personal- und Prüfungsakten von Studenten der Pädagogischen Hochschule in Potsdam und der Brandenburgischen Landeshochschule mit den Teilbeständen Arbeiter- und Bauern-Fakultät, Institut für Lehrerbildung, Personal- und Prüfungsakten von Studenten der Hochschule für Recht und Verwaltung, Personal- und Prüfungsunterlagen von Studenten der Universität Potsdam, Rektorat, Leitungsgremien, Fakultäten, Sektionen, Fachbereiche und Institute sowie der Verwaltung der Pädagogischen Hochschule und der Brandenburgischen Landeshochschule, Rektorat, Leitungsgremien, Sektionen, Fachbereiche, Institute und Verwaltungseinrichtungen der Hochschule für Recht und Verwaltung, Bauzeichungen von Gebäuden, Fotos zur Geschichte der Brandenburgischen Landeshochschule und der PH Potsdam, Diplom- und Abschlußarbeiten von Studenten der Hochschule für Recht und Verwaltung.

Archiv des Wehrgeschichtlichen Museums, Rastatt

Anschrift:
Wehrgeschichtliches Museum, Postfach 1633, 76406 Rastatt, Tel. 07222/34244, Fax 07222/30712

Archivträger:
Bundesminister der Verteidigung

Leiter:
Dr. Joachim Niemeyer

Öffnungszeiten:
Mo-Do 9-16, Fr 9-15 Uhr.

Findhilfsmittel:
Bestandsübersichten, Repertorien, Karteien.

Bibliothek:
Präsenzbibliothek mit ca. 50.000 Bänden Militaria, Truppengeschichten, Ranglisten, Vorschriften und Reglements, Uniformkunde, Zeitschriften und Frontzeitungen des Ersten Weltkriegs.

Geschichte des Archivs:
Mit der Gründung des badischen Armeemuseums 1934 entwickelte sich das Archiv durch Stiftungen und Schenkungen badischer Offiziere und Regimentsvereine. 1961/69 erfolgte die Übernahme des Museums durch das Ministerium der Verteidigung als nationales Museum zur deutschen Militärgeschichte. Die neue Aufgabenstellung gab den graphischen Sammlungen, dem Fotoarchiv und den übrigen Sammlungen ein erweitertes Profil.

Bestände:
Fotosammlung, Nachlaß Knötel mit Unterlagen zur Heereskunde, Graphiken zur Uniformkunde und Militärgeschichte, Karten, Dokumente und Urkunden, Festungspläne des 18. und 19. Jahrhunderts, Pläne und Zeichnungen zu badischen Kasernen, Stammrollen der badischen Armee 1807-1867, Kriegstagebücher zum Ersten Weltkrieg.

Archiv der Eichendorff- Gesellschaft, Ratingen

Anschrift:
Bahnhofstr. 71, 40883 Ratingen,
Tel. 02102/965212, Fax 02102/60178

Archivträger:
Eichendorff-Gesellschaft

Leiter:
Dr. Detlev Haberland

Öffnungszeiten:
Nach Vereinbarung.

Findhilfsmittel:
Inventare nach Erwerbsdatum.

Bibliothek:
Präsenzbibliothek mit ca. 600 Zeitschriftenbänden und -hefte vor allem zu Eichdorff.

Geschichte des Archivs:
1952 erfolgte die Neugründung der Eichendorff-Gesellschaft und damit auch der Beginn der Sammlertätigkeit. Seit 1983 hat es seinen Sitz in Ratingen mit einem ständigem Ausstellungsraum, Bibliothek und Archiv.

Bestände:
Handschriftliche und gedruckte biographische Zeugnisse, Entwürfe zu Gedichten und amtlichen Schreiben, Reinschriften und Ausarbeitungen, Briefe, Briefentwürfe und -fragmente.

Die Künstlergilde / Ostdeutsches Musikarchiv, Regensburg

Anschrift:
Silberne-Kranz-Gasse 8, 93047 Regensburg,
Tel. 0941/57216

Archivträger:
Die Künstlergilde e.V.

Leiter:
Thomas Stolle

Öffnungszeiten:
Nach Vereinbarung.

Findhilfsmittel:
Karteien und Kataloge.

Bibliothek:
Präsenzbibliohtek mit ca. 750 Bänden zuzüglich Noten.

Veröffentlichungen des Archivs:
Heinrich Simbriger, Werkkatalog zeitgenössischer Komponisten aus den deutschen Ostgebieten, 6 Bände, 1955-1976. Musik unserer Zeit.

Geschichte des Archivs:
Das Ostdeutsche Musikarchiv ist aus den Sammlungen Heinrichs Simbrigers entstanden und seit 1966 in Regensburg ansässig.

Bestände:
Tonträgersammlungen, Materialien, Dokumentationen, Noten, Vorträge u.a. zur Musik des 20.Jahrhunderts.

Stiftung Grimmelshausenarchiv, Renchen

Anschrift:
Hauptstr. 57, 77871 Renchen,
Tel. 07843/70720, Fax 07843/70723

Archivträger:
Förderverein Grimmelshausenfreunde e.V.

Leiter:
Klaus Brodbeck (Bürgermeister)

Öffnungszeiten:
Nach Vereinbarung.

Bibliothek:
Präsenzbibliothek vorhanden.

Veröffentlichungen des Archivs:
Verschiedene heimatgeschichtliche und auf Grimmelshausen bezogene Publikationen.

Geschichte des Archivs:
Der Förderverein konstituierte sich 1976 in Zu-

sammenhang mit einer Ausstellung über Grimmelshausen. Seit dem Beschluß des Gemeinderates 1993 ist ein Grimmelshausenarchiv in Verbindung mit der Privatsammlung Egon Lorenz zu Grimmelshausen im Aufbau.

Bestände:
Materialien zu Grimmelshausen, dem Bauernkrieg, dem Komponisten Ignaz Heim, Amand Goegg, zur Heimat und Familiengeschichte.

Archiv der Fachhochschule für Technik und Wirtschaft, Reutlingen

Anschrift:
Alteburgstr. 150, 72762 Reutlingen,
Tel. 07121/2710, Fax 07121/271224

Archivträger:
Fachhochschule für Technik und Wirtschaft

Geschichte des Archivs:
Archiv im Aufbau.

Bestände:
Sammlungen der Zulassungsarbeiten der Pädagogischen Hochschule Reutlingen (unvollständig) und Diplomarbeiten (in Auswahl).

Universitätsarchiv Rostock

Anschrift:
Universitätsplatz 1, 18051 Rostock,
Tel. 0381/4982295 und 4982296

Archivträger:
Universität Rostock

Leiterin:
Angela Hartwig

Öffnungszeiten:
Di, Do 8-12 und 14-15.30 Uhr.

Findhilfsmittel:
Findbücher und teilweise Karteien vorhanden.

Bibliothek:
Präsenzbibliothek mit ca. 700 Bänden zur Geschichte der Universität, Mecklenburgs und der Stadt Rostock.

Geschichte des Archivs:
Das Archiv der Universität Rostock hat eine lange Tradition. Hervorgegangen ist es aus dem Rektorats- und den Dekanatsarchiven. 1878 erließ das engere Konzil die erste Archivordnung und errichtete das erste Archiv, welches der Sekretär des Rektors betreute. Nach 1945 übernahm eine Archivarin die Leitung des Archivs. Sie organisierte die Rückführung der im Krieg ausgelagerten Bestände und erstellte einige Repertorien. In den 60er, 70er und 80er Jahren übernahm das Archiv viele neue Bestände. Zuständig ist das Universitätsarchiv für alle Bereiche der Universität. 1990/91 wurden die Archive der ehemaligen Seefahrerschule Warnemünde/-Wustrow, der PH Güstrow und des Lehrerbildungsinstituts Lichtenhagen übernommen.

Bestände:
Rektorat, Philosophische Fakultät, Juristische Fakultät, Medizinische Fakultät, Theologische Fakultät, Spruchakten, Akademisches Gericht, Personalakten, Studentenakten, Promotionen, Thünen-Archiv, Sektionen, Universität Bützow, Bildbestände, Insignien, Gemälde, Seefahrtschule, Pädagogische Hochschule Güstrow, Lehrerbildungsinstitut Lichtenhagen.

Burgarchiv Rothenfels

Anschrift:
97851 Rothenfels, Tel. 09393/1015

Archivträger:
Verein der Freunde von Burg Rothenfels e.V.

Leiter:
Prof. Dr. Meinrad Schaab, Oberer Langerrain 8, 69259 Wilhelmsfeld

Öffnungszeiten:
Nur nach Vereinbarung.

Findhilfsmittel:
Repertorium.

Bibliothek:
Sammlung der Druckschriften (meist Periodica) zu Bund Quickborn und Verein der Freunde.

Geschichte des Archivs:
Burg Rothenfels wurde 1919 vom Bund Quickborn erworben, 1939 vom Staat beschlagnahmt. Die gesamte Registratur des Bundes und des Trägervereins ging damals verloren. Für das Burgarchiv wurden seit Ende der 60er Jahre private Bestände für die davorliegenden Zeiten gesammelt.

Bestände:
Burg Rothenfels war das Zentrum des dem Wandervogel nächsten katholischen Zweiges der deutschen Jugendbewegung und spielte - verbunden mit dem Namen Romano Guardini - eine besondere Rolle in der Erneuerung der katholischen Liturgie. Aus dieser Zeit sind nur die Druckschriften annähernd komplett erhalten. Die Aktenbestände bestehen aus nachträglich erworbenen Sammlungen, Rekonstruktionen und Fotokopien aus anderen Überlieferungen. Ferner betreut das Archiv den Verein der Freunde von Burg Rothenfels seit der Rückgabe der Burg 1948. Umfangreiche Fotosammlungen.

Frauenbibliothek und Dokumentationszentrum Frauenforschung, Saarbrücken

Anschrift:
Kaiserstr. 8, 66111 Saarbrücken,
Tel. 0681/9363323/24/29, Fax 0681/9363366

Archivträger:
Frauenbibliothek e.V.

Leiterin:
Dr. Annette Keinhorst

Öffnungszeiten:
Mo-Do 9-17 und Fr 9-12 Uhr.

Findhilfsmittel:
EDV-Katalog, Standortsystematik.

Bibliothek:
Leihbibliothek mit ca. 5000 Bänden und Datenbank mit ca. 12.000 Datensätze zu den eigenen und frauenrelevanten Beständen anderer saarländischer Bibliotheken. Schwerpunkte sind Belletristik von Frauen sowie Sachliteratur über Frauen zu Arbeit, Geschichte, Musik, Frauenbewegung, Regionales.

Veröffentlichungen des Archivs:
Dokumentation und Archiv.

Geschichte des Archivs:
1990 als ABM-Projekt aufgebaut, jetzt als gemeinnütziger Verein gefördert vom Ministerium für Frauen, Arbeit, Gesundheit und Soziales des Saarlandes sowie der Landeshauptstadt Saarbrücken, Erwirtschaftung von Eigenmitteln durch Nutzungsgebühren.

Bestände:
Pressedokumentation, Examensarbeiten, Graue Literatur, regionalhistorische Sammlungen, Tondokumente, Tonträger.

Universitätsarchiv Saarbrücken

Anschrift:
Postfach 151150, 66041 Saarbrücken,
Tel. 0681/3022699, Fax 0681/3024388

Archivträger:
Universität des Saarlandes

Leiter:
Dr. Wolfgang Müller

Öffnungszeiten:
Nach Vereinbarung.

Findhilfsmittel:
Repertorien und Abgabelisten.

Bibliothek:
Präsenzbibliothek mit archivfachlicher Literatur. Ansonsten: Benutzung der Universitätsbibliothek

und der Bibliothek der Fachrichtung Geschichte möglich.

Veröffentlichungen des Archivs:
Wolfgang Müller, Das neue Archiv der Universität des Saarlandes in Saarbrücken, in: Der Archivar 45 (1992), Sp.110-111. Regina Paquet, Ab ovo - aus den Anfängen der Universität des Saarlandes, Erinnerungen und Impressionen einer Studentin 1948-1952 (Redaktion Wolfgang Müller), St. Ingbert 1994. W. Müller und Joachim Trapp, Impressionen zum Gestern und Heute des Filmprojektes der Studierendenschaft der Universität des Saarlandes 1949-1994, Saarbrücken 1994. W. Müller, "Nur unter Beibehaltung des internationalen Universitätscharakters" - Eine Denkschrift über die Universität des Saarlandes 1956, in: Zwischen Saar und Mosel, Festschrift für Hans-Walter Herrmann zum 65.Geurtstag, Saarbrücken 1995, S.473-485.

Geschichte des Archivs:
Das Archiv der 1948 gegründeten Universität des Saarlandes besteht seit 1991 und ist als Abteilung des Referats Personal- und Rechtsangelegenheiten der Zentralen Verwaltung eingegliedert. Seit November 1993 liegt eine Ordnung für das Universitätsarchiv vor.

Bestände:
Sitzungsprotokolle der Fakultäten und Universitätsgremien, Universitätsverwaltung, Akten der zentralen Verwaltung und der zentralen Einrichtungen, Fakultäten, Institute, Studentenschaft, Sammlungen zur Universitätsgeschichte, mehrere Deposita von Nachlässen und Akten der Vereinigung der Freunde der Universität, Plakat-, Foto- und Flugblattsammlung.

Hochschularchiv der Fachhochschule Schmalkalden

Anschrift:
Fachhochschule Schmalkalden, Blechhammer, 98574 Schmalkalden, Tel. 03683/688155, Fax 03683/682558

Archivträger:
Fachhochschule Schmalkalden

Leiter:
Kanzler Losse

Öffnungszeiten:
Mo-Fr 9.30-11.30 und 13-15 Uhr,
Fr 9.30-11.30 Uhr.

Findhilfsmittel:
Karteien, Inventare.

Bibliothek:
Ingenieurabschlußarbeiten, Diplomarbeiten und als Sammelgebiet die Chronik der Ingenieur- und Fachhochschule.

Geschichte des Archivs:
Das Archiv der Fachhochschule Schmalkalden besteht seit der Gründung der Königlichen Fachschule im Jahre 1902, 1919 entstand daraus die Staatliche Fachschule, die von der Ingenieurschule im Jahre 1950 abgelöst wurde. Das Archiv war dem jeweiligen Direktor bzw. dem Verwaltungsleiter unterstellt. 1945 wurde ein erheblicher Teil der Aktenbestände aus der Nazizeit vernichtet. Bis 1974 wurde das Archiv nebenamtlich betreut, ab 1975 von einem Mitarbeiter der Ingenieurschule hauptamtlich geleitet. Dieser versuchte, die Bestände systematisch aufzuarbeiten. 1991 wurde die Fachhochschule Schmalkalden gegründet und das Hochschularchiv neu organisiert.

Bestände:
Urkunden, Akten, Bilder und Sammlungen der Königlichen Fachschule, der Staatlichen Fachschule, der Ingenieurschule und der Fachhochschule Schmalkalden.

Archiv des Pförtnerbundes e.V., Schulpforte

Anschrift:
Schulpforta-Archiv, Auf dem Gutshof 24, 06628 Schulpforte,
oder: Dr. K. D. Fichtner, R.-Kanzler-Straße 1, 06628 Bad Kösen, Tel. 034463/27544

Archivträger:
Pförtnerbund e.V.

Leiter:
Dr. K.D. Fichtner (ehrenamtlich)

Öffnungszeiten:
Nach Vereinbarung.

Findhilfsmittel:
EDV-Verzeichnung.

Bibliothek:
Werke von Absolventen von Schulpforta.

Bestände:
Geographie des Ortes, Zisterzienserkloster, verwandte Schulen, Sächsische Landesschule, Nationalpolitische Erziehungsanstalt, Landesschule nach 1945, Heimoberschule, Erweiterte Oberschule, Landesschule Pforta; Lehrer, Bedienstete, Denkmale, Wirtschaftsbetrieb, Meinerzhagen, Pförtnerbund, Bilder, Fotos, Materialien, Zeichnungen u.a.

Archivalische Sammlungen der Bibliothek für Zeitgeschichte, Stuttgart

Anschrift:
Bibliothek für Zeitgeschichte, Konrad - Adenauer - Str. 8, 70173 Stuttgart, Tel. 0711/2364641, Fax 0711/2361347

Archivträger:
Stiftung Bibliothek für Zeitgeschichte

Leiterin:
Irina Renz

Öffnungszeiten:
Nach Vereinbarung.

Findhilfsmittel:
Bestandsübersicht, Karteien, EDV-Katalog..

Bibliothek:
Leihbibliothek mit ca. 300.000 Bde zur politischen und Militärgeschichte des 20. Jahrhunderts., 900 lfd. Zeitschriften.

Veröffentlichungen des Archivs:
Jahresbibliographie.

Geschichte des Archivs:
1915 als Weltkriegssammlung mit dem Ziel eines Museums zum Ersten Weltkrieg und seinen Folgen eingerichtet. In der Weimarer Zeit bestand die Arbeit in der Dokumentation der politischen Kämpfe und ab 1939 in einer Dokumentation zum Zweiten Weltkrieg. Seit 1959 besteht eine Sondersammlung Marine und seit 1990 werden auch Lebensdokumente gesammelt. Alle Sammelgebiete werden fortgeführt.

Bestände:
Fotosammlungen zu beiden Weltkriegen und zur Marine seit 1850, Plakate, Flugschriften, Karten v.a. Ersten Weltkrieg, autobiographische Texte, Feldpostbriefe.

Dokumentationsstelle für unkonventionelle Literatur, Stuttgart

Anschrift:
Gaisburgstr. 4a, 70182 Stuttgart,
Tel. 0711/2124480, Fax 0711/2361347

Archivträger:
Stiftung Bibliothek für Zeitgeschichte

Leiterin:
Barbara Brohmeyer

Öffnungszeiten:
Mo-Fr 10-16 nach Voranmeldung.

Findhilfsmittel:
Alphabetischer und systematischer Katalog, ab 1989 EDV Katalog für Broschüren und Zeitschriften.

Bibliothek:
Präsenzbibliothek mit ca. 10.000 Broschüren, 100.000 Flugblättern, 20.000 Plakate, 800 Zeitschriften.

Geschichte des Archivs:
Die Dokumentationsstelle wurde 1972 mit Un-

terstützung der DFG als Abteilung der Bibliothek für Zeitgeschichte eingerichtet.

Bestände:
Sammlungen grauer Literatur, Plakaten, Aufkleber u.ä. aus den Bereichen Bürgerinitiativen, Friedensgruppen, Dritte-Welt-Gruppen, Ausländer- und Exilgruppen, kleine politische Parteien oder Einzelpersonen, die sich mit politischen oder gesellschaftlichen Konflikten sowie zwischenstaatlichen Beziehungen auseinandersetzen.

Institut für Geschichte der Medizin der Robert Bosch Stiftung, Stuttgart

Anschrift:
Straußweg 17, 70184 Stuttgart Tel. 0711/483013 oder 483017, Fax 0711/461755

Archivträger:
Robert Bosch Stiftung GmbH

Leiter:
Prof. Dr. Robert Jütte

Öffnungszeiten:
Mo-Fr 8.30-17.30 Uhr.

Findhilfsmittel:
Beständeübersicht, Repertorien, Findbücher, Karteien, Bilddatenbank, Datenbank für Objektsammlung.

Bibliothek:
Wissenschaftliche Fachbibliothek zur Geschichte der Homöopathie und zur Sozialgeschichte der Medizin.

Veröffentlichungen des Archivs:
Medizin, Gesellschaft und Geschichte (MedGG) Beihefte zu MedGG.

Geschichte des Archivs:
Gründung des Instituts erfolgte 1981, das aus der medizingeschichtlichen Forschungsstelle am Robert-Bosch-Krankenhaus hervorgegangen ist.

Bestände:
Bild- und Objektsammlung zur Homöopathiegeschichte. Das Archiv ist Teil des Forschungsinstituts und besitzt umfangreiche graue Literatur zur Gesundheitsökonomie und zum Gesundheitswesen der Bundesrepublik Deutschland.

Seliger - Archiv e.V., Stuttgart

Anschrift:
Schloßstraße 92, 70176 Stuttgart,
Tel. 0711/616933

Leiter:
Artur Schober

Walter - Hofmann - Archiv, Stuttgart

Anschrift:
Feuerbacher Heide 38-42, 70192 Stuttgart

Archivträger:
Fachhochschule für Bibliothekswesen

Öffnungszeiten:
Nach Vereinbarung.

Findhilfsmittel:
Repertorium, Karteien, Kataloge.

Bibliothek:
Präsenzbibliothek

Geschichte des Archivs:
Das Archiv enthält die Sammlung der Veröffentlichungen Walter Hofmanns und seinen privaten Nachlaß, der 1970 erworben wurde.

Bestände:
Briefe und Manuskripe.

Universitätsarchiv Stuttgart

Anschrift:
Universitätsbibliothek, Postfach 104941, 70043 Stuttgart, Tel. 0711/1213533, Fax 0711/1213502

Archivträger:
Universität Stuttgart

Leiter:
Dr. Norbert Becker

Öffnungszeiten:
Nach Vereinbarung.

Findhilfsmittel:
Kataloge in Zettelform und Repertorien der Nachlässe.

Bibliothek:
Präsenzbibliothek mit ca. 50 Bänden

Geschichte des Archivs:
Nach dem kriegsbedingten Totalverlust der Altbestände erfolgte im November 1950 eine Neugründung. Seither nebenamtliche Leitung durch die Universitätsbibliothek. Matrikellisten und Aktenbestand sind in der Altregistratur im Rektoramt. Das Archiv ist z. Zt. im Aufbau.

Bestände:
Sekundärquellen aus Tages- und Fachpresse sowie einschlägige Broschüren, Programme, Protokolle der Universitätsgremien, Vorlesungsverzeichnisse, Veranstaltungskalender, Veröffentlichungen der Uni-Pressestelle, Porträt- und sonstige Fotosammlungen, Vorlesungsmitschriften, Sammlungen und Nachlässe von Universitätsangehörigen.

Literaturarchiv Sulzbach-Rosenberg

Anschrift:
Rosenberger Str. 9, 92237 Sulzbach-Rosenberg, Tel. 09661/2659, Fax 09661/3626

Archivträger:
Literaturarchiv Sulzbach-Rosenberg e.V.

Leiterin:
Dr. Barbara Baumann-Eisenack

Öffnungszeiten:
Mo-Do 9-12, 14-16 und Fr 9-12 Uhr.

Findhilfsmittel:
Verzeichnis der Manuskripte, der Akzente - Korrespondenz (ca.35.000 Briefe), der Audiothek.

Bibliothek:
Präsenzbibliothek mit ca. 2.500 Bänden und Bibliothek Walter Höllerer (Gegenwartsliteratur) mit ca. 3.500 Bänden.

Geschichte des Archivs:
Das Literaturarchiv wurde 1977 durch Walter Höllerer als Zentrum für deutsche Gegenwartsliteratur mit zwei größeren Schenkungen des Literaturwissenschaftlers Walter Höllerer gegründet.

Bestände:
Akzente-Korrespondenz, Tonkassetten mit Mitschnitten von Lesungen und Tagungen, "Nordbayerisches Tonarchiv", Skripte von Gegenwartsautoren, Fotos, zweite Schenkung Walter Höllerers mit Dokumenten seiner wissenschaftlichen und Herausgebertätigkeit.

Archiv zur Frauengeschichte Baden-Württemberg e.V., Tübingen

Anschrift:
Wöhrdstraße 25, 72072 Tübingen, Tel. 07071/369349

Archivträger:
BAF e.V.

Öffnungszeiten:
Di 10-13 Uhr, Do 18-20 Uhr und nach Vereinbarung.

Bestände:
Sammlungen von Materialien zur Frauengeschichte Baden-Württembergs und Zeitzeugeninterviews.

Universitätsarchiv Tübingen

Anschrift:
Universitätsarchiv Tübingen, Wilhelmstr. 32 (UB-Bonatzbau), 72074 Tübingen, Tel. 07071/292857

Archivträger:
Eberhard-Karls-Universität Tübingen

Leiter:
Prof. Dr. Volker Schäfer

Öffnungszeiten:
Anmeldung und Beratung Mo-Fr 9-12 und 14-16 Uhr; Benutzung im Historischen Lesesaal der UB (gleiches Gebäude) Mo-Fr 9-18 Uhr.

Findhilfsmittel:
Beständeübersicht (in Bearbeitung), Repertorien, Karteien.

Bibliothek:
Die Bibliothek mit ca. 4.500 Bänden ist in den UB-Bestand integriert und ausleihbar. Teile als Präsenzbestand zugänglich.

Veröffentlichungen des Archivs:
Werkschriften des Universitätsarchivs Tübingen, Reihe 1: Quellen und Studien (bisher 19 Hefte, 1977-1993), Reihe 2: Repertorien und Kataloge (bisher 16 Hefte, 1969-1993). Bausteine zur Tübinger Universitätsgeschichte (bisher 6 Folgen, 1981-1992).

Geschichte des Archivs:
Ihre Gründungsprivilegien und andere wichtige Urkunden hat die 1477 gegründete Universität zuerst in einem Schatzarchiv in der Stiftskirchensakristei, dann im Gewölbe unter der Alten Aula verwahrt. Die Aufsicht führten Universitätssekretär und die Dekane. 1865 wurde das vor 1750 entstandene Registraturgut der Universitätsbibliothek übergeben, wo es zu einem "Universitätsarchiv" innerhalb der Handschriftenabteilung geformt wurde. Im Zusammenhang mit den Vorbereitungen zum 500jährigen Universitätsjubiläum wurde das Archiv 1964 aus der Universitätsbibliothek herausgelöst und unmittelbar dem Rektor unterstellt.

Bestände:
Rektor, Präsident, Kanzler, Senat, Verwaltungsrat, Notariat, Matrikeln, Personalakten, Akademisches Auslandsamt, Verwaltung des Klinikums, Wirtschaftsverwaltung, Syndicus, Quästur, Disziplinarkommission, Senat als Vormundschaftsgericht mit Inventur- und Teilungsakten, Evangelisch- und Katholisch - Theologische, Juristische, Staats- bzw. Wirtschaftswissenschaftliche, Medizinische, Philosophische, Sozial- und Verhaltenswissenschaftliche, Neuphilologische, Geschichtswissenschaftliche, Kulturwissenschaftliche, Natur-wissenschaftliche Fakultät, Fachbereiche und Institute, Augenklinik, Chirurgische Klinik, Frauenklinik, Hals - Nasen - Ohren - Klinik, Hautklinik, Kinderklinik, Medizinische Klinik, Psychiatrische Klinik, Zahnklinik, Universitätsbibliothek, Collegium Musicum, Sonderforschungsbereich 8 Spätmittelalter und Reformation, Burschenbehörde und Ausschuß der Studierenden (AStA), Hochschulkreis VI der Deutschen Studentenschaft, Korporation Virtembergia, Korporation Stuttgardia, Korporation Igel, Korporation Saxonia, Studien- und Familienstiftungen, Nachlässe, Martinsstift Sindelfingen, Collegium Illustre Tübingen, Friedrichs-Universität Ellwangen, - Regierungskommissar Hofacker, Studentenwerk e.V., Universitätsbund, Studentenwerk A.d.ö.R., Deutsches Institut für Fernstudien, Sanatorium "Bellevue"in Kreuzlingen, Sammlungen von Drucksachen, Flugblättern, Bild- und Tondokumenten, Siegel, Typare und Stempel, Münzen, Medaillen, Studentica, Kollegnachschriften, Stammbücher, Reden und Ansprachen, Dokumentation "Tübinger Absolventen", Bestandsergänzungen.

Sonderaufgaben:
Zentrales Krankenblattdepot, zentraler Promotionsnachweis und Zwischenarchivfunktion.

Archiv der Philosophischen Hochschule der Pallottiner, Untermerzbach

Anschrift:
Schloßweg 2, 96190 Untermerzbach bei Bamberg, Tel. 09533/1880 und 18844

Leiter:
Dr. Werner Weicht

Öffnungszeiten:
Nach Vereinbarung.

Geschichte des Archivs:
Die Philosophische Hoschschule der Pallottiner in Untermerzbach war seit 1922 eine Einrichtung zuerst innerhalb des Novitiates der Süddeutschen Pallottiner-Provinz, das 1962 mit dem allen deutschsprachigen Pallottinerprovinzen zusammengelegt wurde. In den 60erJahren wurde ein provisorisches Archiv eingerichtet. 1990 wurde der Vorlesungsbetrieb eingestellt, bzw. nach Vallendar verlegt.

Bestände:
Hochschule und Novitiat der Pallotiner 1922-1990.

Archiv der Theologischen Hochschule Vallendar

Anschrift:
Pallottistr. 3, 56179 Vallendar, Tel. 0261/64020, Fax 0261/6402290

Archivträger:
Theologische Hochschule Vallendar

Leiter:
Rektor / Studiensekretär

Öffnungszeiten:
Nur nach Vereinbarung.

Findhilfsmittel:
Karteien.

Bibliothek:
Präsenz- und Leihbibliothek mit ca 100.000 Bänden mit Schwerpunkt Theologie.

Geschichte des Archivs:
Das Archiv dokumentiert die Geschichte der Hochschule, die 1896 in Koblenz-Ehrenbreitstein gegründet wurde. Schon 1897 Überführung nach Limburg und 1941 Auflösung. Das Archiv blieb in Limburg, als die Hochschule 1945 in Vallendar wiedereröffnet wurde.

Bestände:
Akten der Hochschule, Sammlungen zur Hochschulgeschichte, graue Literatur zur Geschichte der Pallotiner.

Gustav - Freytag - Archiv, Wangen

Anschrift:
Lange Gasse 1, 88239 Wangen im Allgäu, Eingang über Heimatmuseum Eselmühle, Tel. 07522/4369

Archivträger:
Stadt Wangen

Leiter:
Gerhard Heimann

Öffnungszeiten:
Di 14-17, Mi 10-12 und 14-17, Fr 14-17, Sa 10-12 Uhr.

Findhilfsmittel:
Karteien.

Bibliothek:
Präsenzbibliothek mit ca. 1000 Bänden.

Geschichte des Archivs:
Das Museum wurde etwa fünf Jahre nach dem Tod des Dichters (1895) in Kreuzburg / Oberschlesien gegründet und 1945 völlig zerstört. Bei den ersten "Wangener Gesprächen" 1951 entschlossen sich die früheren Betreuer des Museums, Margret und Karl Fleischer, ein neues Museum aufzubauen. 1956 gingen die ersten

neuerworbenen Exponate, Bücher und Handschriften bei der Stadt Wangen als Eigentümerin ein. Nach dem Tod von Margret Fleischer (1986) erfolgte der Umzug von Museum und Archiv in renovierte Räume, die 1988 eröffnet wurden.

Bestände:
Briefe Freytags an seinen Verleger Salomon Hirzel u.a., Gemälde und Fotos des Autors, seiner Familie und Freunde, Erst- und Gesamtausgaben seiner Werke, Radierungen.

Archiv der Hochschule für Musik Franz Liszt, Weimar

Anschrift:
Mozartstraße 11, 99423 Weimar,
Tel. 03643/555116, Fax 03643/611865

Leiterin:
Dr. Irina Kaminiarz

Goethe- und Schiller-Archiv, Weimar

Anschrift:
Hans-Wahl-Str. 4, 99425 Weimar,
Tel. 03643/545240, Fax 03643/545241

Archivträger:
Stiftung Weimarer Klassik

Leiter:
Dr. Jochen Golz

Öffnungszeiten:
Mo-Do 8.30-18 und Fr 8.30-16 Uhr.

Findhilfsmittel:
Goethe- u. Schiller-Archiv. Bestandsverzeichnis, Bearbeitet von K. H. Hahn, Weimar 1961. Inventar des Goethe- und Schiller-Archivs Band 1: Schillerbestand, Redaktion G. Schmid, Weimar 1989. Mehrbändiges Inventar zum Goethe - Bestand in Vorbereitung. Interne Hilfsmittel: Findbücher, Briefregister.

Bibliothek:
Handbibliothek im Benutzerraum.

Veröffentlichungen des Archivs:
Zur Zeit außer der Inventarreihe und den Editionen keine speziellen Publikationsformen.

Geschichte des Archivs:
Dem Testament des letzten Goethe-Enkels zufolge gelangte Goethes Nachlaß 1885 in den Besitz der Großherzogin Sophie von Sachsen - Weimar - Eisenach, die die Gründung eines Goethe - Archivs veranlaßte. 1889 gelangte ein Teilnachlaß Schillers nach Weimar. 1896 wurde das Gebäude des Goethe- und Schiller-Archivs eingeweiht. Die Erwerbungstätigkeit konzentriert sich auf die Ergänzung vorhandener Bestände, seltener erfolgt der Erwerb von Nachlässen oder Nachlaßteilen.

Bestände
Über 100 Nachlässe, 8 Bestände institutioneller Herkunft und Autographensammlung mit Handschriften von mehr als 3.000 Persönlichkeiten.

Universitätsarchiv der Hochschule für Architektur und Bauwesen, Weimar

Anschrift:
Carl-August-Allee 2a, 99423 Weimar,
Tel. 03643/582315, Fax 03643/582314

Archivträger:
Hochschule für Architektur und Bauwesen Weimar / Universität

Leiterin:
Christine Eichert

Öffnungszeiten:
Mo-Do 7.30-12 und 13-16, Fr 7.30-12 Uhr.

Findhilfsmittel:
Karteien, Findlisten.

Bibliothek:
Handbibliothek mit ca. 200 Bänden und grauer Literatur zur Hochschul-, Kunst- und Stadtgeschichte.

Geschichte des Archivs:
1959 als Verwaltungs- und Endarchiv mit Zuständigkeit für die gesamte Hochschule eingerichtet. Die Archivalien von der Gründung der Großherzoglich Sächsischen Kunstschule 1860 bis 1945 befinden sich fast vollständig im Thüringischen Hauptstaatsarchiv Weimar (Marstallstr. 2, 99423 Weimar, Tel. 03643/3933).

Bestände:
Akten, Zeichnungsmappen- und Rollen, Fotos und Tonbänder.

Universität Witten / Herdecke

Anschrift:
Universität Witten / Herdecke GmbH,
Alfred-Herrhausen-Str. 50, 58448 Witten,
Tel. 02302/9260, Fax 0230/926407

Leiter:
Dr. Hans Gerd Happel

Bibliothek:
Präsenzbibliothek Witten-Herdecke mit ca. 50.000 Bänden und Zeitschriften mit besonderem Sammelgebiet zur Wirtschaft Japans und homöopathischer Medizin.

Geschichte des Archivs:
Archivalien sind in Instituten und Verwaltung vorhanden. Es existiert noch keine Zentrale Ablage oder Archiv.

Wuppertaler Autorenarchiv

Anschrift:
Stadtbibliothek Wuppertal, Kolpingstr. 8, 42103
Wuppertal, Tel. 0202/5636001,
Fax 0202/306594

Archivträger:
Stadt Wuppertal

Leiterin:
Ute Scharmann

Öffnungszeiten:
Mo-Di, Do-Fr 11-19, Sa 10-13 Uhr.

Findhilfsmittel:
Karteien.

Bibliothek:
Leihbibliothek mit 776.000 Bänden, 69 Handschriften, 81 Wiegendrucken, zahlreichen Noten, Ton- und Bildträgern mit Schwerpunkten der Bergischen Landeskunde, Sozialismus, Religionen, Religionswissenschaft.

Veröffentlichungen des Archivs:
Neue Schriften aus der Stadtbibliothek Wuppertal seit 1974.

Bestände:
Autographen, Handschriften, Wiegendrucke, Sammlungen von Fotos, Videos und Noten, Else - Lasker - Schüler - Archiv, Armin - T. - Wegner - Archiv, Bertram -, Zech -, Pörtner - Sammlung.

Archiv der Bergischen Universität - Gesamthochschule Wuppertal

Anschrift:
Gaußstr. 20, 42097 Wuppertal (Gebäude N,
Ebene 10, Raum 03), Tel. 0202/4392422,
439242210

Archivträger:
Bergische Universität - Gesamthochschule
Wuppertal

Leiter:
Dr. Joachim Studberg

Öffnungszeiten:
Nach Vereinbarung.

Findhilfsmittel:
Karteien und andere Findhilfsmittel.

Bibliothek:
Präsenzbibliothek.

Geschichte des Archivs:
1989 auf Rektoratsinitiative mit ABM Stelle eingerichtet.

Bestände:
Akten, Karten, Filme und Fotos zur Gründung der Gesamthochschule und ihrer Vorgänger.

Institut für Hochschulkunde / Archiv, Würzburg

Anschrift:
Universitätsbibliothek, Am Hubland, 97074 Würzburg, Tel. 0931/8885982 und 8885966

Archivträger:
Deutsche Gesellschaft für Hochschulkunde

Leiter:
Karl-Heinrich Theiß und Ulrich Becker

Öffnungszeiten:
Mo-Fr 9-13 Uhr.

Findhilfsmittel:
Findbücher.

Bibliothek:
Präsenzbibliothek mit ca 33.000 Bänden zur Universitäts- und Studentengeschichte.

Veröffentlichungen des Archivs:
Ulrich Becker, Das Institut für Hochschulkunde an der Universität Würzburg, Juristische Schulung 11 (1988), S.919f. Ders., Das Institut für Hochschulkunde an der Universität Würzburg, GDS-Archiv für Hochschul- und Studentengeschichte 1 (1992, S.8ff.

Geschichte des Archivs:
Die Deutsche Gesellschaft für Hochschulkunde (DGfH) wurde 1922 und 1939 auf der Feste Marienberg in Würzburg ins Leben gerufen. 1953 erfolgte die Wiedereröffnung als Institut für Hochschulkunde und seit 1981 befindet sich das Institut in den Räumen und in Kooperation mit der Universitätsbibliothek.

Bestände:
Sammlungen zur Universitäsgeschichte, Grafiken, Stammbücher, Zentralkartei für Studentenstammbücher, Mandate, Verordnungen, Plakate, Postkarten, Fotos, museale Sammlungen aus Glas, Porzellan, Waffen, Akademesken.

Archiv der ehemaligen Reichsstudentenführung und des NS - Studentenbundes, Würzburg

Anschrift:
Staatsarchiv Würzburg, Residenzplatz 2, 97070 Würzburg

Leiter/Bearbeiter:
Dr. Herbert Schott

Öffnungszeiten:
Wie Staatsarchiv Würzburg, Mo-Fr 9-16 Uhr.

Findhilfsmittel:
Repertorien und Findbücher in Arbeit. Die Abt. I, IV und V sind durch Karteien, Abt. II, III und V,2 durch Bandrepertorien erschlossen.

Geschichte des Archivs:
Die Deutsche Studentenschaft (DSt) wurde 1919 als Interessenvertretung aller deutschen Studenten gegründet und seit 1936 auch für Fachschulen zuständig. Auf dem Studententag in Göttingen wurde 1929 die Errichtung eines Archivs mit Sitz in Frankfurt. beschlossen. Der 1926 gegründete Nationalsozialistische Deutsche Studentenbund war eine Gliederung der NSDAP. Die 1936 geschaffene Reichsstudentenführung sollte DSt und NSDStB zusammenfassen. 1939 wurde in Würzburg das "Institut für Hochschulkunde der Deutschen Studentenschaft" für die Archive der DSt, des NSDStB, der RSF und studentischer Verbände eingerichtet. 1945 wurde das Vermögen des Instituts beschlagnahmt, 1947 der Stadt Würzburg treuhänderisch übergeben. Das Institut hatte seinen Sitz auf der Festung Marienberg in Würzburg. Nach

dem Antrag des Verbandes Deutscher Studentenschaften (VDS) als Rechtsnachfolger der DSt sprach die Zweigstelle München der Oberfinanzdirektion München dem VDS 1955 ca. 600 Ordner (1919-1933) zu. Dieses Archivgut wurde später im Bundesarchiv (R 129) hinterlegt. Den Rest übergab der Freistaat Bayern der Universität Würzburg, von wo es als Depositum in das Staatsarchiv Würzburg gelangte.

Bestände:
Der Bestand RSF umfaßt in den Abt. I und II Akten der DSt (meist 30er Jahre), des NSDStB, teilweise der RSF. Abt. III enthält Akten zu Reichsleistungswettkämpfen und den über 700 dafür eingereichten Arbeiten. Abt. IV umfaßt Akten der Würzburger Studentenschaft (auch AStA, NSDStB-Hochschulgruppe, etc.), Abt. V andere Studetenschaften und Gaustudentenführungen (v.a. der Hochschulen Aachen, Hamburg, Dresden, Seefahrtschule Leer, Sorau, Schneidemühl, Breslau und Franfurt/M.). Zeitlicher Schwerpunkt sind die 30er Jahre, weniger die 20er Jahre und 40er Jahre.

Universitätsarchiv Würzburg

Anschrift:
Sanderring 2, 97070 Würzburg, Tel. 8885541, Fax 8884617

Archivträger:
Bayerische Julius-Maximilians-Universität Würzburg

Leiter:
Prof. Dr. Peter Baumgart / Kommission für die Geschichte der Universität

Öffnungszeiten:
Nach Vereinbarung.

Findhilfsmittel:
Beständeübersicht und Kartei.

Bibliothek:
Präsenzbibliothek mit ca. 180 Bänden, hauptsächlich zur Universitätsgeschichte.

Veröffentlichungen des Archivs:
Quellen und Beiträge zur Geschichte der Universität Würzburg.

Geschichte des Archivs:
Das Archiv erwuchs aus den Beständen der Zentralverwaltung der Hochschule und wurde nach dem Zweiten Weltkrieg der Kommission für die Geschichte der Universität zur Betreuung übergeben. Seit 1923 ist keine Aktenabgabe durch die Zentralverwaltung an das Archiv erfolgt, so daß die Akten seit dieser Zeit mit erheblichen Kriegsverlusten in der Registratur zu finden sind. 1945 wurden fast alle Akten aus der Zeit zwischen 1920 und 1945 vernichtet. Ebenfalls vernichtet wurde das Archiv des Verwaltungsausschusses der Universität.

Bestände:
Rektorat, Senat, ehemalige Universitätskuratel mit Organisation der Verwaltung, Universitätsgeschichte, Archiv und Registratur, Feiern und Auszeichnungen, Beamte, Professoren, Personalakten, Besoldungsverhältnisse, Vermögensverwaltung, Bausachen, Fakultäten, Studienwesen, Prüfungswesen, soziale Aufgaben, Disziplinarwesen, Vereinswesen, Universitätsattribute.

Archiv des Museums für Wasserkraftnutzung, Ziegenrück

Anschrift:
Lobensteiner Str. 6, 07924 Ziegenrück, Tel. 036483/22254, Fax 036483/22309

Archivträger:
Stadt Ziegenrück

Leiterin:
Frau Poßner

Öffnungszeiten:
Mo-Fr 8-16 Uhr, nach Vereinbarung.

Findhilfsmittel:
Findbücher, Karteien.

Bibliothek:
Präsenzbibliothek mit Sammelgebiet Technik,Wasserkraftnutzung, Wasserbau, Energieversorgung, Regionalgeschichte.

Geschichte des Archivs:
Ein Archiv wurde 1966 mit Eröffnung des Museums eingerichtet. Eine systematische Sammlung zu den Ausstellungsthemen erfolgt regelmäßig.

Bestände:
Sammlungen von Materialien, Lageplänen, Fotos, Sachzeugen und Modelle zur Museumsthematik.

Archiv der Fachhochschule für Technik und Wirtschaft, Zwickau

Anschrift:
Dr.-Friedrich-Ring 2a, 08056 Zwickau,
Tel. 0375/5361261, Fax 0375/1127 oder 1103

Archivträger:
Hochschule für Technik und Wirtschaft Zwickau

Leiterin:
Sabine Körner

Öffnungszeiten:
Mo-Do 8-11 und 12-14 Uhr.

Findhilfsmittel:
Studentenkartei, Matrikelkartei, Doktorandenkartei, Karteien, Findbücher und Ablieferungslisten.

Bibliothek:
Präsenzbibliothek mit fachspezifischer Literatur.

Veröffentlichungen des Archivs:
Zuarbeit zu Veröffentlichungen zur Absolventenstatistik, Ausbildungsinhalte der Vorgängereinrichtungen und Zusammenstellung von Präsentationen.

Geschichte des Archivs:
Das Archiv geht auf die Bergschule und Ingenieurschule Zwickau zurück, deren Archivgut hier verwahrt wird. Mit der Zusammenlegung beider Schulen 1965 entstand ein zentrales Hochschularchiv. Bedingt durch Kriegseinwirkungen und Umlagerungen sind wertvolle Bestände, besonders der Ingenieurschule, verlorengegangen. Mit der Angliederung der ehemaligen Fachschule für Ökonomie Plauen wurden die dortigen Archivbestände übernommen. Die Bestände des der HTW Zwickau 1992 angegliederten Hochschulteils Schneeberg befinden sich am Standort in Schneeberg. Das Archiv ist heute zentrale wissenschaftliche Einrichtung der Hochschule sowie ein öffentliches Archiv.

Bestände:
Akten der Vorgängereinrichtungen, Studentenakten, Sammlung zur Schulgeschichte, Auszeichnungen von Personen und Kollektiven, Filme, Bauzeichnungen, Pläne, Fotos, Akten der Bergschule Zwickau, Bergingenieurschule Zwickau, Ingenieurschule Zwickau, Ingenieurschule für Maschinenbau und Elektrotechnik, Ingenieurhochschule Zwickau / Technische Hochschule Zwickau, Fachschule für Ökonomie Plauen, Fachschule für angewandte Kunst / Hochschulteil Schneeberg, Sammlung von Plaketten, Schulchronik, Fotos sowie kleinere Gegenstände des Kunstinventars.

Fragebogen, der dem Archivführer zugrunde liegt

Name des Archivs

Anschrift
Postanschrift und Hausanschrift, Telefon und Fax und sonstige Angaben.

Archivträger

Leiter/in

Öffnungszeiten

Findhilfsmittel
Beständeübersicht, Repertorien, Findbücher, Karteien, Inventare, spezielle Findhilfsmittel, EDV-Verzeichnung.

Bibliothek
Präsenz- oder Leihbibliothek, Anzahl der Bände, besondere Sammelgebiete, Zeitungen und falls hier aufgestellt, auch die Graue Literatur.

Veröffentlichungen des Archivs

Geschichte des Archivs
Gründung, Entwicklung und sachliche Zuständigkeit.

Bestände
Urkunden, Akten, Karten, Risse, Pläne, Filme, Fotos, Zeichnungen usw. ohne Umfangsangaben, Art der Bestaände (Provenienz und Pertinenz, Sammlungen)

Sonderaufgaben
Falls das Archiv Sonderaufgaben wahrnimmt, wie z.B. die Kustodie oder Führung des Kunstinventars, dann hier aufführen

Graue Literatur und Amtsdruckschriften entchend der Aufstellung im Archiv unter Beständen oder in Bibliothek.

Register der Fremdprovenienzen

Register der Archivarinnen und Archivare